이혜나 김재관 박경현 박은정 윤혜림 천하은

자산관리

ALL-in-ONE

올-인-원

①

알면 돈이 되는
저축 | 투자 | 은퇴 | 보장
실전 자산관리의 모든 것

영진미디어

일러두기
· 본 도서는 국립국어원 외래어 표기 규정을 준수하였습니다. 다만 현장에서 사용
　하는 용어와 서식에서 사용하는 용어의 경우 실제 사용하는 용어로 표기하였습
　니다.
· 본 도서는 발행일을 기준으로 작성하였습니다.

프롤로그

'돈이면 다 되는 세상'. 우리는 철저하게 돈이 지배하는 자본주의 세상 속에 살고 있다. 자본주의란 사유재산에 바탕을 둔 경제체제로 화폐경제와 동의어로 쓰인다. '자본'은 자본주의 체제하에 우리 삶의 양과 질을 결정하며 수준의 격을 나누고 나아가 타인으로부터 나를 평가받게 만드는 요소로 작용한다. 자본이 최고라 여겨지는 현대사회에서는 자본의 축적 정도 즉, 부의 수준이 격을 나누는 역할을 하는 것이다. 심지어 행복 역시 '돈'에 의해 좌우되는 세상이 왔다. 가정불화의 가장 큰 원인은 대부분 돈으로부터 시작되고, 돈이 우선순위가 되어 사람을 좇고, 돈에 의해 사람을 기만하기도 한다. 돈으로 온전한 행복을 살 수는 없지만 행복을 위해 돈은 반드시 필요한 요소임은 부정할 수 없는 것이다.

최소한의 안락한 삶을 살기 위해서도 결국 돈이 필요하기 때문이다. 그러나 우리는 돈이 전부인 시대, 돈이면 다 되는 각박한 세상 속에 존재하고 있음에도 불구하고, 우리에게 어느 누구도 자본주의 사회에서의 생존 방법은 알려주지 않았다. 그렇기에 우리는 이 환경에 맞서 자본을 축적한 '부자'가 되고자 다양한 정보수집을 통해 적극적으로 저금리, 고물가 시대에 맞서고 있다. 과거에는 알뜰하게 살림하여 그저 은행에 많이 저축하는 것이 덕목으로 여겨졌지만, 지속적인 저성장, 저금리 기조 속 환경을 극복하기 위한 변화의 바람이 불고 있는 것이다.

빚내는 것을 돌보기처럼 하였던 과거와는 달리 현재는 대출을 통한 레버리지 효과를 극대화하여 부동산 투자에 열을 올리고 있고, 뉴스와 영상매체 등을 활용하며 직접투자에 도전하는 투자자들이 점차 증가하고 있다. 자본주의 경제체제 하에 자본주의를 적극적으로 활용하려는 움직임을 보이고 있는 것이다. 이혜나, 김재관, 박경현, 박은정, 윤혜림, 천하은이 소속된 프롬어스는 자산관리센터로 전문자격을 갖춘 자산관리인들로 구성된 법인이다. 수년간의 실사례 상담 경험과 수많은 계층을 아우르는 관리 경험을 토대로 자산 증식을 희망하는 현대인들에게 현실적인 도움이 될 수 있는 알짜배기 정보를 담았다. '부자가 되는 길'은 보다 쉬움을 많은 이들에게 알리고, 부로 가는 길에 도움이 되고자 이 글을 편찬했다.

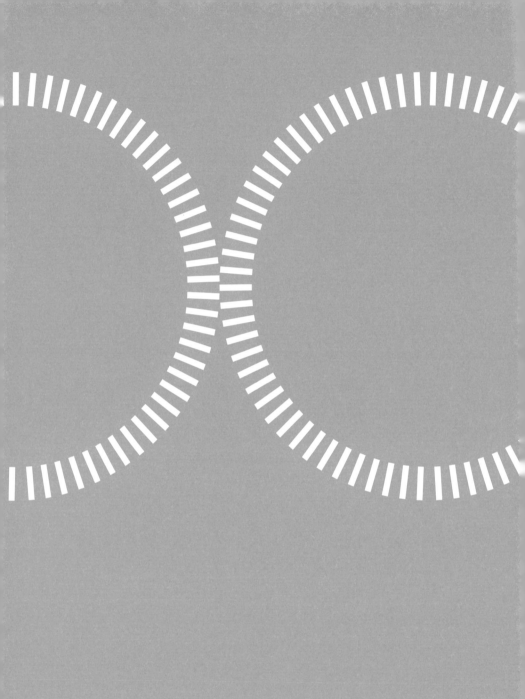

1장

저축

우리가 돈에 대해
공부하고 저축해야 하는 이유

IQ보다 FQ금융지능

우리나라의 어마어마한 교육열에 대해서는 대부분 알고 있을 것이다. 하지만 이렇게 교육열이 대단한 나라에서 '금융'과 '자본주의'에 대한 공부는 거의 이루어지지 않는다. 입시 위주의 국·영·수를 기반으로 한 한국 교육은 세계 최고 수준이지만 대부분 금융 상식이나 투자 등에 대해서는 아직까지도 문맹인 수준이다. 그 예로 성인이 되어 취업하고 월급을 받았지만, 자산관리를 어떻게 시작해야 할지 모르는 이가 대다수이다. 가장 기본이 되는 적금과 예금의 차이도 모르기도 한다. 막연히 '돈을 열심히 모아야지.'만 생각하고 구체적인 계획과 현금의 흐름에 대한 고민 없이 사회 초년생의 시간을 보내게 된다.

한국의 GDP 순위는 2021년 말 기준으로 10위에 위치해 있다. 또한, 유엔무역개발회의[1]에서 인정하는 선진국 반열에 올랐지만, 금융

---

1   개발도상국의 산업화와 국제무역 참여를 지원하기 위해 설치된 국제연합총회의 상설기관이다.

이해력 지수[2]는 여전히 하위권에 머물러 있다. 이런 결과가 나오게된 배경은 무엇일까. 생각해 보면 우리나라는 유독 '돈'에 대해 이야기하기를 금기시하는 분위기와 부자가 되는 것에 대해 부정적인 이미지를 떠올리는 것 같다. 그렇기에 자연스럽게 돈에 대한 공부를 가정이나 학교에서 충분히 배우지 못하고, 사회에 첫발을 내딛은 후에도 어디서 알아봐야 하는지조차 몰라 점차 금융 문맹이 되어간다. '금융 문맹'이란 일상과 산업 분야에서 금융이 차지하는 비중이나 중요성은 커졌지만 금융 관련 지식이 부족하여 돈의 소중함과 관리 방식을 모르고 돈을 제대로 활용하지 못할 경우 글을 읽고 쓸 줄 모르는 문맹과 같이 국민 개개인 삶의 질이 저하될 수 있고, 사회성장기반도 약화될 수 있음을 이야기할 때 쓰이는 용어이다. 앨런 그린스펀前 미국 연방준비제도이사회 의장은 "글을 모르는 문맹은 생활을 불편하게 하지만 금융 문맹은 생존을 불가능하게 만들기 때문에 더 무섭다."라고 이야기했다. 금융 문맹에서 벗어나기 위해서는 금융이해력을 키워나가야 하는데, 금융이해력이란 금융 지식을 바탕으로 합리적인 의사결정을 할 수 있는 능력을 말한다.

2015년 S&P 글로벌 핀릿 서베이에서 조사한 주요국 금융이해력 지수에서 한국은 33점으로 뒤에서 2등인 최하위권에 머물렀다. 또한 2021년 기획재정부와 한국개발연구원KDI에서 만 18세 이상, 79세 이하 국민 3,000명을 대상으로 경제 이해력금융이해력 조사를 진행했다. 이 조사에서 20개 중 19개 문항이 약간 쉽거나 보통 난이도인 평이한 수준의 테스트임에도 평균점수가 56.3점100점 만점에 그쳤다. 더욱 놀

---

2   개인의 일상적인 금융거래에 관한 이해와 금융지식의 실제 활용 능력 수준을 말한다.

주요국 금융이해력 지수(2015년)

자료: S&P 글로벌 핀릿 서베이

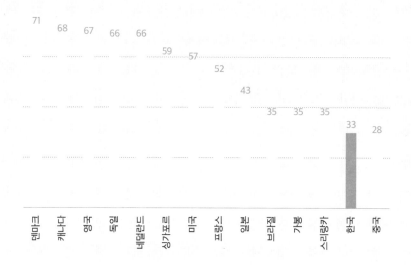

71 68 67 66 66 59 57 52 43 35 35 35 33 28

덴마크 캐나다 영국 독일 네덜란드 싱가포르 미국 프랑스 일본 브라질 가봉 스리랑카 한국 중국

경제 이해력 조사 평균 점수

자료: 기획재정부, 한국개발연구원(KDI)

*2020년은 초중고 대상, 2021년은 만 18~79세 3,000명

2020년   53점

2021년   56.3점

100점 만점

저축 / 투자 / 은퇴 / 보장

라운 것은 '최근 3년 이내 경제 교육을 받아본 적이 있느냐'는 질문에는 단 2.3%만이 '있다'를 선택했다.

막연하게 부자가 되고 싶다는 생각만 하지, 실제로는 부자가 되는 공부를 하지 않는 것이다. 특히나 현재 자본주의라는 거대한 파도 속에서 살아남을 방법을 공부하고 행동으로 옮겨야 하는데 실행력이 부족한 것이다. 그래도 다행인 것은, 요즘은 돈에 관해 조금이라도 관심만 가진다면 유튜브나 뉴스레터 구독 등을 통해 언제든지 편하게 공부할 수 있는 환경이 마련되어 있다는 것이다. 이제 자신의 경제 상황을 점검하고 돈에 대해 관심을 조금 더 가지고 공부해 보는 것은 어떨까?

공짜 점심은 없다

우리는 공짜를 참 좋아한다. 백화점 시식 코너에서 먹을 수 있는 음식들, 보험에 가입하면 주는 사은품 등 공짜로 무언가를 주는데 마다할 사람은 없지 않을까 싶다. 하지만 자본주의에서는 공짜라고 하면 일단 의심해야 한다. 배움의 과정에서 공짜만 좇다가 오히려 내 돈이 자꾸 빠져나가는 현상이 발생한다. 잘못된 재무설계를 받고 본인에게 맞지 않는 금융상품에 가입해서 오히려 손해를 보는 경우도 많다. 요즘 같은 정보의 홍수 속에 살면서 분별력을 기르기 위한 것은 책만한 도구가 없다. 책에 돈 쓰는 걸 아까워하지 마라. 책은 우리가 실제로 경험하지 못한 투자의 세계를 시행착오 없이 간접적으로 경험해 볼 수 있는 제일 저렴한 상품이다.

자산관리에서 늘 강조하는 것이 결국에는 "내 돈은 내가 스스로 관리할 줄 알아야 한다."는 것이다. 재무설계사의 역할은 상품 하나만 달랑 파는 것이 아닌 고객이 스스로 자립할 수 있도록 돈과 자본주의에 대한 현실을 알려주고 자산관리의 방향성을 잡기까지 시행착오를 줄일 수 있도록 해주는 것이다. 실제 미국에서는 재무설계사가 이런 역할에 충실하여 금융소비자들에게 상당히 인정받는 직업으로 자리를 잡고 있다. 하지만 우리나라에서는 이 부분이 변질되어 본래의 역할보다 상품 판매에 치중되는 모습이 아쉽다. 특히 무료로 재무설계를 해준다는 글이 SNS와 인터넷에 많이 보이는데, 이 부분을 금융소비자 입장에서는 잘 구별해야 한다. 분별력을 높이기 위한 정답은 결국 공부이다. 공부해야 '기준'이 생겨서, 좋고 나쁨을 알 수 있게 된다. '왜 이 사람이 나에게 무료로 재무설계를 해줄까?'라고 조금만 고민해 보면 답이 나온다. 항상 공짜 뒤에는 더 큰 비용들이 숨어 있는 경우가 많다는 것을 알아야 한다.

소득보다 저축률

우리가 사는 사회에는 수많은 직업이 있다. 다양한 직업만큼 벌어들이는 소득도 천차만별이다. 중요한 것은 "얼마를 벌 수 있냐 보다, 얼마를 저축하느냐."이다. 물론 소득이 높으면 자산을 증식하기에 유리한 위치에 있는 것은 맞다. 그렇기에 내가 가진 능력을 바탕으로 높은 소득을 벌어온다면 그건 분명 좋은 일이다. 하지만 부자를 만드는 것은 수입이 아니라 지출과 저축에 달려 있다. 예를 들어보자, A라는 사람은 세후 월 소득이 200만 원인데 저축률 70%를 가정하면 한 달에 140만 원을 저축한다. 반면, B라는 사람은 한 달에 500만 원의 수입이 있지만 쓸 거 다 쓰고 저축을 20%만 해서 한 달에 100만 원만 저축한다면 5년만 지나도 2,400만 원이 차이 난다A=8,400만 원, B=6,000만 원. 소득이 높은 것에서 끝나버리면 안 된다. 소득이 높은 이 능력을 온전히 내 것으로 만들기 위해서는 저축해야 한다. 종잣돈을 모아야 그다음 단계인 투자 단계로 넘어갈 수 있는데 이 종잣돈을 모으지 못해서 부자가 되지 못하는 경우가 대부분이다.

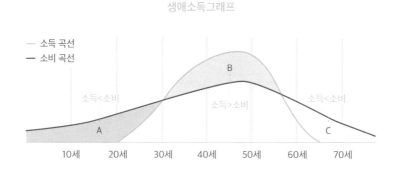

생애소득그래프

생애주기에 따른 소득과 소비의 비중 변화를 나타낸 위의 '생애소득그래프'를 살펴보면 일을 시작하는 20대부터 소득이 높아지는 50대까지는 저축할 여력이 생기지만 50대 후반부터는 다시 소득보다 소비가 많아진다. 여기에 결혼을 해서 가정이 생기고 자녀까지 생긴다면 저축할 수 있는 기간은 더 단축된다고 봐야 한다. 즉, 저축의 골든타임은 짧고 한정적이므로 사회초년생부터 지출을 통제하고 저축률을 높여 나가야 한다.

흔히 우리는 다가오는 기회를 두 가지 이유로 놓친다. 첫 번째 지식은 있는데 돈이 없는 경우, 두 번째 돈은 있는데 공부를 하지 않아서 기회를 구별할 수 있는 눈이 없는 경우이다. 우리가 다가오는 기회를 잡아서 자산의 퀀텀 업을 이루기 위해서는 '자본'과 '지식' 두 가지가 모두 필요하다. 자본이 없는 경우는 기회가 다가온 것을 알아도 실행시킬 수 있는 원동력이 없는 것이고, 지식이 없다면 자본이 있어도 기회가 다가왔는지 알아차리지 못한다. 오히려 두 번째의 경우가 더 위험하다. 돈은 많은데 지식이 없는 경우가 바로 사기를 당하기 딱 좋은 상태이다. 그렇기에 뒤에서도 강조하겠지만 우리는 지출을 통제하여 종잣돈을 모아가면서 다가오는 기회를 식별하고, 구별할 수 있는 눈을 기르기 위해 돈에 대한 공부를 같이 해나가야 한다. 내가 한 달에 1,000만 원을 벌더라도 저축해서 온전히 내 능력으로 만들지 못한다면 절대 자랑하지 말자. 자신의 소비력만 늘어나게 되고, 높은 수익을 주변에 알려봤자 나에게 득이 되지 않는다.

자본주의는 돈의 양이 계속 늘어날 수밖에 없는 구조이며, 돈의 양이 많아지는 만큼 지금 화폐가치는 계속 떨어질 수밖에 없다. 그렇기에 저축률을 최대한 높여서 화폐가치가 떨어지는 것을 방지하기 위한 행위를 해야 하는데 이게 바로 '투자'다. 투자의 근간은 현금흐름 시스템을 만들어서 지출통제를 하고 저축률을 높여 종잣돈을 만드는 것이기 때문에 높은 소득만 생각하지 말고 소득 대비 저축률이 얼마인지를 중요하게 생각하자.

저축 마인드 만들기(feat. 이렇게까지 살아야 하나요?)

경제적으로 자유로워지고, 부자가 되기 위해서는 저축을 해야 한다는 것을 모르는 사람은 없다. 제대로 된 저축을 하려면 정해진 소득에서 당연히 지출을 줄이고 저축률을 높여야 한다. 그런데 이 지출을 줄이는 게 쉬워 보이지만 생각보다 쉽지 않다. 이 쉽지 않은 지출통제가 앞에서 봤던 생애소득그래프에서 결혼을 하는 시기를 맞닥뜨리면 더욱 어려워진다. 20~30대 미혼일 때는 혼자니까 저축을 20%를 하든 30%를 하든 상관이 없지만, 결혼하게 되면 결혼 준비에 들어간 비용부터 신혼여행 비용, 집을 구하면서 들어간 비용, 여기에 아기까지 낳게 되면 소득은 줄어들고 비용은 더 증가하니 당연한 순서다.

✳ **목표 점검 시기를 최소화하기**＋현금을 자산으로 바꾸고 싶은 대상 연구하기

처음 돈을 모을 때 대부분 단순히 '○○살에 ○○만 원 모으기'와 같이 계획을 세운다. 이러한 계획은 투자보다는 단순히 저축의 양을 늘리는 것에 초점을 두어 계획했던 시기에 목표한 금액이 도달되지 않으면 성취감도 없고 오히려 의욕이 쉽게 사라질 수 있다. 그렇게 되면 재무설계라는 장기 레이스에서 목표에 도달하기 전에 이탈하기 쉽다. 그래서 이럴 때는 하루, 혹은 주 단위로 계획을 세우고 실천하는 것이 효율적이다. 하루 기준으로 1만 원 이상 소비하지 않기, 주 단위 기준으로는 아무리 많이 쓰더라도 10만 원을 초과하지 않기와 같이 본인에게 계속 "하루 단위 무無 지출" 미션을 주는 것이다.

하지만 이것도 가끔 지루하게 느껴질 때가 있는데, 그럴 때는 현금을 자산으로 바꾸고 싶은 대상을 구체화해 보자. 예를 들어, 우리나라에서 집은 자산 비중에서 높은 비율을 차지하고 있는 만큼 직장과 주거가 가까운 직주근접職住近接을 고려해 본인이 살고 싶은 드림하우스를 버킷 리스트에 담는다. 부동산을 방문하거나 시세를 파악하며 나의 예산과 비교하고 구체적으로 필요한 자금을 수치화해서 동력을 잃지 않게 하는 것이다. 실제로 목표 점검을

최소화하는 것보다 현실적인 계획이 저축에 더 도움이 많이 되는 경우가 많다.

＊ SNS 탈퇴하기

현대인의 삶에서 SNS를 빼놓고 이야기할 수 있을까? 출퇴근길, 점심 먹고 잠시 쉬는 시간에 습관적으로 SNS를 들여다보고 있다. 무의식적으로 보는 피드에선 누군가는 새 차를 샀고, 누군가는 예쁜 옷을 사거나 아름다운 휴양지를 여행하는 등 내가 그동안 억누른 것들을 매우 쉽게 소비하고 있다.

사회심리학적으로 본 인간은 비교하는 동물이다. 타인을 주시함으로써 자기와 다른 객체를 비교하며 대비되는 상황을 인지한다. 그렇지 않아도 지출통제는 상당히 고독한 혼자만의 싸움이고, 저축도 단기간에 눈에 보이는 성과가 아니어서 이렇게 SNS를 통해 내가 하기 어려운 것들을 쉽게 소비하는 모습을 보면 우울감에 빠지기 쉽다. SNS를 잠시 끊어 두고 타인과 비교하는 걸 멈추자. 남과 같은 삶을 추구하는 대신 나만의 저축 페이스를 유지하자.

＊ 경제 스터디 모임 만들기

지출통제가 힘든 이유는 대부분의 주변 사람은 하지 않고 혼자서만 진행하기 때문이다. 목표를 만들고 꾸준하게 실천하는데 주변 지인들이 방해한다. 가계부를 쓰고 있는 모습을 보면 그거 조금 아껴서 뭐 하려고 하냐는 등의 핀잔을 준다. 주변에서 이렇게 이야기하면 '이렇게까지 다른 사람들과 다르게 살아야 하나?' 생각하며 지출통제를 포기하고 다시 소비의 생활로 돌아가는 경우도 많다.

그렇다면 인간은 비교하는 동물이라는 특성을 역이용하여 내 주변에 나와 뜻이 같은 사람들을 곁에 많이 두면 어떨까? 경제 스터디를 만들어서 경제 공부도 하고 특히 일주일에 한 번, '지출복기 Day'를 정해서 지출통제를 우수하게 실천한 사례를 공유하고 어떤 부분에서 잘했고, 어떻게 잘 아꼈는지 노하우를 공유하는 시간을 가지는 것도 좋다. 물론, 소득의 크기와 가족 구성원의 수 등에 따라 차이가 있고, 정답이 있는 건 아니다. 하지만 나와 유사한 환경에 있는 다른 사람은 어떻게 나보다 더 아끼면서 생활할 수 있었는지를 안다면 자신의 가이드라인을 잡는데에 큰 도움이 된다. 그래도 요즘은 돈에 관한 이야기를 꺼내는 것이 불편한 분위기가 아니니 평소에 나와 코드가 맞는 직장 동료나 친척 등에게 제안해서 공부도 같이하고 지출통제도 함께하는 것을 추천한다.

차근차근 밟아가는 재무설계의 정석: 3개의 계단

재무설계라고 하면 거창하고 재산이 많은 사람만 하는 것으로 생각하는 경우가 간혹 있다. 재무설계란 '개인의 삶의 목표를 파악하고 그 목표를 달성하기 위하여 개인이 가지고 있는 재무적·비재무적 자원을 적절하게 관리하는 일련의 과정'으로 정의할 수 있다. 간혹 재테크와 재무설계를 혼동하기도 하는데, 재테크는 돈^{자산}을 불리는 기술로 투자 수익을 극대화하여 돈의 양을 늘리는 것을 중대한 목표로 삼는다. 이에 반해 재무설계는 돈의 양보다 돈이 필요한 시기와 사용처를 고려하여 재무목표를 정하고 이를 위해 필요한 자금을 만들기 위한 계획과 꾸준한 실천에 중점을 둔다.

재무설계는 재무목표를 이루어 나가는 과정이기 때문에 연령이나 소득 계층에 관계없이 모든 사람에게 필요하다. 특히 자산이나 소득의 규모가 큰 사람보다는 오히려 자산이나 소득이 적은 경우에 한정된 자원을 효율적으로 활용하기 위해서는 전문가를 통한 재무설계가 도움이 될 수 있다.

2020년 3월 이후로 급격하게 올라간 주식 시장, 비트코인, 부동산 시장을 지켜본 2030세대들이 제대로 준비가 안 되어 있는데 마음

저축 / 투자 / 은퇴 / 보장

만 급한 경우가 많다. 모든 일에는 순서가 있듯이 재무설계에도 차근 차근 밟아가야 하는 순서가 있다. 1단계, 꼼꼼한 현금흐름 분석을 바탕으로 지출통제를 통하여 종잣돈 모으면서 공부한다. 2단계, 모인 종잣돈을 바탕으로 투자를 통해 자산증식현금→자산 이전을 한다. 3단계, 내 집 마련과 노후 현금흐름을 준비하는 설계 순서이다. 이 순서는 한 번에 이루어지는 것이 아니라 1단계와 2단계를 반복해 가면서 3단계 인 내 집 마련과 노후 현금흐름 준비의 시기를 최대한 앞당기는 게 핵심이다.

1단계: 지출통제로 종잣돈 모으기, 그리고 공부 병행하기

우리가 돈을 모으기 위해서는 어떻게 해야 할까? 정답은 간단하다. 덜 쓰고 아끼면 된다. 이 방법을 모르는 사람은 없다. 정답은 간단하지만, 지출통제를 하기 어려운 이유는 근본적으로 사람은 소비를 좋아한다. 구체적인 시스템과 분명한 목표 의식이 없으면 지출통제라는 행위는 상당히 외롭고 힘든 싸움이기 때문에 새해 다짐으로 가계부 쓰기를 다짐하며 지출을 줄여보려고 해도 소비는 줄어들지 않는 경우가 많다. 소비를 줄이겠다는 막연한 의지에 기대기보다 '행동 장치'를 만들 필요가 있다.

그리스 로마신화를 보면 오디세우스와 세이렌의 이야기가 나온다. 세이렌은 물살이 빠른 협곡을 항해하는 선원들을 아름다운 노랫소리로 홀려 배를 침몰시킨다. 이 소식을 들은 오디세우스는 노를 젓는 선원들에게는 귀를 막게 하여 노래를 듣지 못하게 하였고, 본인은 밧줄로 묶어두고 귀를 막지는 않았는데, 당연히 오디세우스는 아름다운 노랫소리를 듣자 세이렌이 있는 협곡 쪽으로 배를 몰라고 지시하였지만, 귀를 막고 있던 선원들은 들을 수 없었고, 오디세우스도 밧줄로 묶여 있었기 때문에 세이렌이 있는 협곡을 안전하게 지나갈 수 있었다. 여기서 오디세우스를 묶은 밧줄과 선원들의 귀를 막은 도구가 '행동장치'라고 할 수 있다. 인간은 강력한 의지만으로는 본인의 욕구를 억누르기 힘들 때도 있는데 이를 제어해 주는 것이 행동장치이다. 종잣돈을 모으는 과정에서 소비라는 욕구를 억눌러 주는 행동장치가 현금흐름 시스템을 만드는 일이다. 현금흐름 시스템을 만들면 월급날에 돈이 자동으로 내가 만든 시스템에 따라 선저축이 되고 짜인 예산 안에서 소비를 하게 된다. 행동장치라는 시스템을 만들기 위해서 올바른 정보를 판독해야 한다. 이를 위해서는 앞서 말했듯이 금융 공부가 필요하며, 효과적인 공부 방법 세 가지를 소개한다.

✳ 독서

독서를 통한 지식은 흔히 '간접경험'이라고 부른다. 금융 분야의 전문가를 직접 만나서 노하우를 전수받는 일이 가장 좋지만 접근성, 비용 등 제약 조건이 발생한다. 심지어 그 전문가가 진짜 전문가인지도 알 수 없는 경우도 있다. 하지만 책은 내가 아직 경험해 보지 못한 전문가의 경험을 간접적으로 취득할 수 있다. 비용 대비 효용이 제일 높은 공부 방법이 독서인 것이다. 처음에는 어떤 특정 분야의 책보다는 기본적인 경제지식과 다양한 금융상품의 기본 개념을 설명해 주는 책들을 읽어나가는 것이 좋다. 돈을 모으는 과정에서 대부분 금융상품을 활용하게 될 텐데, 어떤 종류가 있고 어떤 상품들이 나에게 도움이 되는 것인지 기준을 잡는 데 도움이 되기 때문이다. 나쁘게 만들어진 금융상품은 없다고 생각한다. 금융소비자의 투자성향, 자산현황, 재무목표에 따라 맞는 옷이 있는데 이 옷을 잘못 입으면 최종 목표를 향해 갈 때 더디게 간다. 그렇기에 다양한 금융상품의 특징과 기본적인 개념을 공부하는 것이 좋다. 전체의 흐름을 익힌 후에 주식, 부동산, 펀드 등 본인에게 더 맞는 부분만 집중적으로 정리된 책들을 읽어나가면 된다.

시중에서 판매되는 책이 전부 좋고, 전문적인 건 아니다. 지나치게 자극적인 것도 있고, 시간이 지나서 지금은 적용이 안 되는 재테크 서적들도 있다. 그래서 간혹 어떤 책을 읽어야 하냐고 묻는 사람들도 있다. 이때는 주식이면 주식, 부동산이면 부동산 이렇게 명확히 관심 분야를 정한 뒤, 서점에서 목차와 내용을 간단히 훑어보고 원하는 방향성의 책을 골라서 최소 10권 이상 읽는 것을 추천한다. 해당 분야의 서적을 10권 정도 읽게 되면 전문가는 아니더라도 준전문가 정도의 필수 지식은 알 수 있게 되고, 유익한 책과 도움이 되지 않는 책을 구별하는 눈도 가지게 된다.

그러나 책을 많이 읽어도 삶에 변화가 없는 경우도 있다. 책을 읽는다고 하지만 제대로 읽는 방법을 몰라서 그런 것일 수 있다. 책을 다 읽고 나서 시간이 좀 더 걸리더라도 요약과 느낀 점을 남겨놓으면 좋다. 요약이라고 해서 어려운 것이 아니다. 책을 읽어나가면서 내가 다시 보고 싶은 내용, 인상 깊게 느낀 내용, 내 삶에 적용하고 싶은 내용들을 밑줄 치면서 읽어나가고, 각 파트별로 밑줄 친 내용들을 기록해서 저장해 두면 된다. 책을 다 읽고 시간이 지나면 중요하다고 생각했던 내용이 기억나지 않아 책을 다시 읽는 시간이 드는데, 요약본을 정리해 둔 내용을 살펴보면 다시 책 읽는 시간을 크게 줄일 수 있다. 게다가 책의 중요 부분을 반복해서 뇌에 입력시키면서 내 삶에 적용해 나간다면 단순히 한 번 읽고 덮는 사람보다 얻어가는 게 많을 것이다.

잠깐! 돈 공부를 위한
추천 도서

『부자 아빠 가난한 아빠』

로버트 기요사키 지음, 민음인

전 세계적으로도 많이 팔린 재테크 관련 도서. 고용하는 자와 고용된 자, 돈을 따라가는 자와 돈을 따라오게 만드는 자. 이 둘의 출발점과 끝이 어떻게 다른지 알려주는 이정표 같은 책이다. 돈에 대한 관점이 다른 아버지 둘을 비교해 가면서 어떻게 하면 부자가 될 수 있는지, 왜 금융 지식을 공부해야 하는지 등 부자들의 생활 습관을 다양한 사례를 통해 풀어준다. 돈을 모으고 부자가 되기로 마음먹었다면 1순위로 읽어야 하는 책이다.

『6개월에 천만 원 모으기』

이대표 외 공저, 한국경제신문

저축률을 높이기 위한 필수 조건이 지출통제라고 이야기했다. 지출통제는 확고한 목표와 마음가짐이 없으면 두세 달도 유지를 못 하고 자포자기하는 경우가 많다. 다양한 상황에 놓여진 참가자들이 등장하며 지출통제가 힘들지만 어떤 마음가짐으로 해나가야 하는지, 왜 지출통제가 중요한지 금융 초보자도 이해하기 쉽게 설명한 책이다.

『최진기의 경제상식 오늘부터 1일』

최진기 지음, 스마트북스

종잣돈을 모으면서 공부와 경제 뉴스를 보는 것이 중요하다. 하지만 경제 뉴스를 처음 보게 되면 영어 단어도 모른채 영어 독해문제집을 푸는 것과 똑같이 한글로는 쓰여져 있는데 개념부터 어렵고, 이게 무엇을 의미하는지도 이해하기 어렵다. 이 책은 경제 뉴스를 읽고 정리하는 데 도움을 주는 책이다. 경제공부를 막 시작한 사람들의 눈높이에 맞춰 경제에 대한 전반적인 내용을 옆에 선생님이 설명해주듯이 풀어서 설명한다. 경제 뉴스를 보는 것이 아직 겁이 난다면 이 책부터 읽고 도전해 보자.

우리가 저축 포트폴리오를 구상할 때, 거시적인 경제 환경을 파악하는 것은 매우 중요하다. 시시각각 변하는 경제환경을 책으로만 파악하기에는 한계가 있다. 그래서 경제 뉴스를 봐야 하는데, 처음에 의욕만 앞서서 경제신문을 먼저 덜컥 구독하는 경우가 있다. 물론 경제공부의 최종 종착지는 경제신문을 구독하여 일과 중 꼭 읽는 시간을 가지는 것이다. 그러나 기초체력 없이 공부를 시작할 때는 경제신문을 바로 구독해서 종이로 보지 말고, [포털 사이트→ 뉴스→경제] 카테고리에서 관심 있는 기사를 하루에 최소 세 개 정도 골라서 뉴스 안에 나오는 개념을 전부 이해할 수 있게 공부를 한다. 처음에는 관심 있는 뉴스라도 어려운 단어들이 많이 나온다. 이럴 때 '경제 단어장'을 하나 만든다. 우리가 중·고등학교 때 영어 지문을 독해하다가 모르는 단어가 나오면 단어장을 정리한 것처럼 본인이 하루에 공부하기로 한 기사에 나오는 모르는 단어들을 '경제 단어장'에 옮겨서 개념들을 정리해 나간다. 기본적인 경제개념은 포털 사이트에서 검색해도 나오고, 요즘에는 블로그에도 잘 설명해 놓은 경제 정보들이 많다. 찾은 개념에 대한 해설을 내가 이해하기 쉽게 정리한 뒤 단어장으로 옮기면 된다.

* 전문가에게 상담 받기

자산관리와 돈 공부는 결국에는 스스로 해야 한다. 그런데 처음에는 시간도 오래 걸리고 혼자 하는 과정에서 시행착오를 많이 겪을 수 있다. 사람만 믿고 맞지 않는 상품에 가입해서 기회비용을 잃을 수도 있고, 기회가 왔을 때 알아차리지 못했다가 시간이 지나서야 후회할 수도 있고, 월급은 따박따박 들어오는데 이걸 지금 경제상황에 맞게 어떻게 효율적으로 저축할 수 있을지 고민하다 시간이 오래 걸릴 수도 있다. 이럴 때 곁에 전문지식을 갖추고, 투자경험도 많은 전문가가 있다면 돌아가는 시간을 상당히 줄일 수 있다.

미국에서는 재무설계사라는 직업이 회계사, 변호사만큼 소비자에게 인정받고 존경받는 직업이다. 그런데 우리나라는 '재무설계'라는 타이틀을 보험회사가 영업에 이용하면서 상담하고 나면 보험상품을 항상 권유하는 형식으로 끝나다 보니 민원 사례도 많고 인식이 좋지 않은 편이다. 보험이 필요 없다는 이야기가 아니다. 부가적인 서비스 때문에 재무설계 상담을 기피하는 이들이 많아져 안타까울 뿐이다.

제대로 된 자격과 전문지식, 투자경험을 갖춘 재무설계사에게 상담 및 조언을 구하고 싶다면 AFPK[3], CFP[4] 등 전문자격을 갖추고 있는지, 주식이나 부동산 등 투자 경험을 통해 자산을 증식한 경험이 있는지, 화폐의 시간가치[TVM]에 대해 이해하고 있는지, 이 세 가지 정도는 확인하고 상담을 받는 것이 좋다.

---

[3] AFPK는 개인 재무설계 서비스를 제공하는 자격증이다. 한국 AFPK 과정을 이수해야만 시험 응시가 가능하다. AFPK는 한국, 호주 등 아시아의 몇 국가 등에서만 효력을 발휘하는 CFP의 전 단계 자격증이다.

[4] CFP는 금융 분야의 전반적인 지식을 바탕으로 개인의 특성에 맞는 재무설계를 제공하는 전문가이다. 시험 기간만 이틀에 걸쳐 치러지는 금융권 최고 난도의 자격시험이다. CFP 자격증을 취득하기 위해서는 입문 자격 시험인 AFPK 자격증을 취득해야 한다.

2단계: 투자를 통한 자산 증식

현금흐름 시스템을 만들고, 지출통제를 통해 저축률을 높여 종잣돈을 모았다면 투자 단계로 넘어가야 한다. IMF 이전 적금만 해도 이율이 15%가 넘어가던 시절에는 위험을 무릅쓰고 투자를 할 필요가 없었지만 지금 같은 저금리와 계속해서 떨어지는 화폐가치 때문에 현재는 투자가 필수인 시대가 되었다. 과거에는 금융 공부에도 관심이 없고 아무것도 하지 않더라도 크게 뒤처지지 않았지만 지금은 아무것도 하지 않으면 아무 일도 일어나지 않는 게 아니라 계속해서 뒤처지는 시대이기 때문에 투자를 통해 자산을 증식해야 한다.

3단계: 내 집 마련, 그리고 노후 준비

* 내 집 마련

저축하고 모인 종잣돈으로 투자를 통해 자산을 증식했다면 최종적으로 내가 거주할 집 한 채와 노후 현금흐름을 신경 써야 한다. 거주와 투자를 구분하여 계속해서 월세를 살면서 자산을 증식해 나갈 수도 있지만, 쉽지 않은 일이다. 책과 유튜브에서 보는 주식 고수나 부동산 고수들의 영상을 보고 강의를 듣는다고 그렇게 되는 이들은 극히 일부이다. 그렇기에 투자를 지속해 나가더라도 안전마진으로 내가 거주할 집 한 채를 마련하고 노후 현금흐름을 설계해 두는 것이 좋다.

지난 5년간 집값이 너무 많이 폭등해서 요즘 실거주로 집을 사는 것도 주저하는 이들이 많다. 집도 자산이기에 실거주를 목적으로 매수했다고 하더라도 내가 산 집값이 내려가기를 바라는 사람은 없다. 하지만 이런 걱정은 집값 변동을 지나치게 단기적으로 생각하고 투자의 관점으로만 보기 때문에 생기는 걱정이다.

집은 의식주의 한 요소이다. 조금 다르게 표현하면 부동산은 강제참여시장이다. 즉, 매매, 전세, 월세 중 한 가지 방법을 선택해서 거주 형태를 정할 수밖에 없다. 매매를 한다는 것은 내가 집의 소유권을 갖는다는 뜻이다. 자본주의에서는 화폐를 계속 찍어내고, 물가는 올라갈 수밖에 없는 구조인플레이션이다. 그렇기에 현금을 자산으로 이전하는 게 중요한데 소유권을 갖는 집이 그 역할을 한다. 우리가 자본주의에서 살아남기 위해서는 이 인플레이션을 어떻게 극복하느냐가 매우 중요한데 평균적인 직장인의 근로소득만으로는 인플레이션을 극복할 수 없다. 그렇기에 내 집 마련은 항상 어려웠다. 그 이유는 근로소득보다 집값이 올라가는 속도가 가파르기 때문이다. 5년 전의 집값과 지금의 집값을 비교

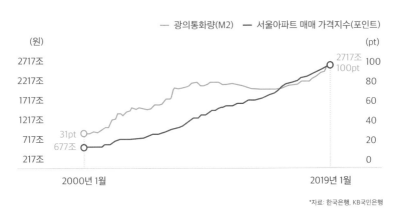

광의통화량(M2)과 서울 아파트 매매 가격지수 추이

— 광의통화량(M2)   ━ 서울아파트 매매 가격지수(포인트)

*자료: 한국은행, KB국민은행

수도권 기간별 수요량/입주물량 변화 추이

입주량   — 수요량

서울

연도	입주량	수요량
2000	87k	
2001	65k	
2002	71k	
2003	99k	
2004	96k	
2005	65k	
2006	50k	
2007	41k	
2008	62k	
2009	39k	
2010	36k	
2011	46k	
2012	40k	
2013	42k	56k
2014	54k	56k
2015	42k	54k
2016	55k	53k
2017	45k	52k
2018	53k	50k
2019	61k	49k
2020	66k	49k
2021	54k	48k
2022	25k	48k
2023	26k	48k
2024	14k	48k
2025	707	48k

경기도

연도	입주량	수요량
2000	90k	
2001	105k	
2002	126k	
2003	91k	
2004	129k	
2005	98k	
2006	93k	
2007	79k	
2008	84k	
2009	118k	
2010	115k	
2011	68k	
2012	74k	
2013	58k	68k
2014	61k	68k
2015	77k	68k
2016	107k	68k
2017	150k	67k
2018	186k	67k
2019	170k	67k
2020	133k	68k
2021	125k	69k
2022	92k	69k
2023	94k	69k
2024	73k	70k
2025	17k	70k

저축 / 투자 / 은퇴 / 보장

해 보아도 간단히 알 수 있다. 특히나 10년 이상의 장기적인 시계열에서 전국 집값은 하락한 경우보다 상승한 경우가 훨씬 많았다. 그렇기에 내 집 마련을 한다면 의식주의 한 요소로서 '주'를 해결하는 것이고 동시에 인플레이션을 대비한 자산소유권도 확보하는 일거양득의 효과를 누릴 수 있다.

특히 2022년 3월을 기준으로 수도권에 거주하고 있는데 무주택이라면 본인의 주택구매 능력을 파악한 후 1주택 포지션을 취하는 것이 좋다. 왼쪽의 서울과 경기도의 입주물량 추이를 살펴보면 서울, 경기도와 같이 수도권은 2025년까지 입주물량이 수요 대비 부족한 상황이다. 특히 2020년 7월에는 임대차 3법이 시행됐다. 임대차 3법으로 임차인은 2+2 계약갱신청구권을 보장받게 되었다. 이 2+2 계약갱신청구권 사용이 끝나는 2022년 7~8월부터는 전월세 시장이 상당히 불안해지고 임대인 입장에서는 5% 상한을 고려해서 더 높은 가격에 전세 가격을 설정하거나 전세를 내놓지 않으려고 할 텐데 전세 시장에서도 공급이 줄어듦에 따라 전세가 올라가게 되고 이렇게 오른 전세가가 매매가를 자극할 수 있다. 이렇게 불안한 시장에선 전·월세 같이 소유권이 없는 형태보다는 매매로 소유권을 확보하는 것이 좋다.

결론을 내리자면 자본주의에서는 화폐가 계속 늘어나고, 이에 따라 자산 가격이 꾸준히 상승할 수밖에 없는 구조 속에서 인플레이션을 극복하지 못하면 자본주의에서는 뒤처질 수밖에 없는데 소유권을 가지게 되면 의식주의 필수 요소 중 하나인 '주'를 해결하면서 인플레이션을 극복할 수 있다. 특히, 수도권이 생활 반경이고 주택 구매 능력이 되는데 무주택이라면 입주 물량, 임대차 3법의 악영향을 고려해서 1주택 포지션은 취하는 것을 권한다.

전월세신고제, 전월세상한제, 계약갱신청구권을 핵심으로 하는 '주택임대차보호법' 개정안과 '부동산 거래 신고 등에 관한 법률' 개정안을 말한다. 주택임대차보호법에서는 계약갱신청구권과 전월세상한제 내용을 담고 있다. 임대인의 재산권을 침해하는 등 법적안정성을 저해하는 가장 큰 요소인 소급적용을 함으로써 부동산 시장에 큰 혼란과 매매·전세가 폭등에 큰 영향을 미쳤다.

· **전월세신고제:** 임대인들의 소득 파악과 전월세상한제를 하기 위한 장치로 만든 법이다. 기존에 매매계약만 실거래 신고를 했던 것을 주택의 임대차계약변경,해제계약 포함을 체결한 경우 임대차 계약당사자는 보증금 또는 차임 등을 계약일로부터 30일 이내에 주택 소재지 관할 시·군·구청에 신고해야 한다. 주택 임대차계약 신고 시 [주택임대차보호법] 제3조의6 제1항에 따른 확정일자를 부여한다.

· **전월세 상한제:** 부동산 시장에서 전세 및 월세의 인상률을 제한하는 제도이다. 전·월세 계약 갱신 요구 시에 5% 초과 증액이 불가하다단, 감액은 제한 없음.

· **계약갱신청구권:** 임대차 3법이 통과하기 전에 주택임대차보호법에서는 기본적으로 2년을 보장하던 내용을 임차인의 주거 안정을 위해 2+2 즉, 총 임대 기간 4년을 보장해주는 법이다. 임대인이 실거주하는 등의 특별한 사유가 없다면 임차인의 2년 연장을 거부할 수 없다.

＊ 노후 준비

우리가 지금 땀을 흘리며 근로소득을 버는 이유는 결국 내가 일을 할 수 없는 노후가 찾아왔을 때 이를 대비하기 위함이다. 연금은 뒤에서도 설명하겠지만 국민연금, 퇴직연금, 개인연금의 3층 보장제도로 이루어져 있다. 2030세대는 국민연금이 2054년에 고갈된다는 소식에 불안함을 가지고 있고, 내가 다니는 회사에서 퇴직연금이 DB로 운영되는지 DC로 운영되는지도 모르는 경우가 태반이다. 노후를 든든하게 준비하기 위해서는 은퇴 후가 아니라 저축할 수 있는 골든타임 시기에 소액이라도 투자로 준비해야 한다. 20~30대 때부터 내가 몇 살에 은퇴할지, 은퇴한 시점에 은퇴총자산을 얼마정도 확보할 것이고 매달 받을 현금흐름을 각 은퇴자산별로 어떻게, 얼마씩 만들지 고민하며 구체적으로 계획을 세워야 한다.

4년 만에 1억 만들기, 통장 3개로 시작하는 자산관리

재무설계를 시작할 때 가장 처음 해야 할 단계가 '현금흐름 시스템을 만들고 지출통제로 종잣돈을 만드는 것'이라고 이야기했다. 재무설계 3단계 중에서 이 1단계를 선행하지 않으면 아무것도 할 수 없다.

현금흐름 시스템의 핵심은 월 단위 기준으로 수입소득의 총합과 저축+지출의 총합을 일치시키는 것이다. 여기서 소득은 세후 기준이다. 수당, 성과급 등은 매달 들어오는 게 아니고 불규칙하게 들어온다면 제외한다. 수당, 성과급 등 불규칙하게 들어 오는 금액들은 추가저축으로 활용한다. 세후 소득을 정확히 파악했다면 고정지출과 변동지출을 파악한다. 고정지출은 매달 일정하게 나가는 지출이고, 변동지출은 생활비 등 소비성 지출로 볼 수 있다.

아래와 같이 고정지출과 변동지출을 분류해서 금액을 기록한다. '세후소득 − 고정지출 − 변동지출 = 저축여력'이다. 대부분의 재테크 전문가들이 '선저축, 후지출' 개념을 중요하게 말한다. 그렇지만 기업의 사업보고서 중 '포괄손익계산서'에서도 매출액에서 매출원가, 판관비 등을 빼고 마지막에 남는 당기순이익을 이익잉여금으로 쌓아두듯이, 정확한 비용을 파악해야 줄일 수 있는 부분과 불필요한 항목을

저축 / 투자 / 은퇴 / 보장

알 수 있다. 그렇기 때문에 '선저축, 후지출'의 개념은 먼저 저축 여력을 파악한 후 나이와 생활 환경에 맞는 저축률에 따라 현금흐름 시스템을 세팅하고 나서다.

고정지출	변동지출
대출상환액, 세금/공과금, 보험비, 부모님 용돈 자동차할부금, 월세, 관리비 등	생활비식비, 카페 등, 의류비, 미용비, 교통비, 통신비, 교육비 등

* 부부의 경우 공동 생활비, 연애를 하고 있다면 데이트 통장 항목을 별도로 만들 것변동 지출 항목
* 주택담보대출의 경우 원금상환분은 저축, 이자는 고정지출로 분류
* 경조사비결혼식, 장례식, 친구 생일, 병원비 등 항목은 월 현금흐름에서 제외하고 비상금 통장으로 해결

저축률은 미혼 전에는 최소 60%, 빠른 자산증식을 이루고 싶다면 70%까지 필요하다. 하지만 월세로 살고 있거나 부모님을 모시거나 미혼이더라도 줄일 수 없는 고정비용이 많다면 무리하지 않는 선에서 저축률을 조절하면 된다. 결혼한 가정이더라도 아이가 없으면 저축률은 미혼과 동일하다아이가 있는 경우 육아비 등을 고려해서 저축률을 조율하되 최소 40% 이상은 저축해야 한다. 특히 결혼을 한 가정이라면 통장도 합쳐서 관리해야 한다. 즉, 통장도 결혼해야 한다. 간혹 자산내역을 공유하는 게 싫어서 각자 관리하기도 하는데 이렇게 통장을 따로 관리하게 되면 불필요한 지출이 늘고 한눈에 현금흐름을 파악하기 어려워 저축률을 높일 수가 없게 된다. 자동이체를 변경하고, 통장을 바꾸는 등 조금 귀찮더라도 결혼을 했다면 통장도 합치는 것을 추천한다.

고정지출과 변동지출을 파악해서 저축여력을 정확히 계산했다면

저축과 지출통장 예산의 기준일을 정하고 저축, 고정지출, 변동지출 항목들을 매달 며칠마다 정해진 통장에서 이체할지를 정해야 한다.

기준일 정하기

'저축과 지출통장의 기준일'은 월급 날을 기준으로 잡은 예산의 시작일을 의미한다. 예를 들어, 월급이 25일이라면 월급이 들어오면 저축할 금액을 자동이체나 직접 이체를 하고, 지출통장으로 보내는 금액으로 다음 달 25일까지 한 달동안 사용하는 것이다. 즉, 매달 저축금액이 쌓이고 지출통장을 리셋하는 기준일을 월급날로 정하는 것이다. 간혹 매달 1일을 기준일로 설정하는 경우도 있다. 본인의 현금흐름을 정확히 파악해서 전 달에 받은 월급을 다음 달까지 모자람 없이 사용한다면 상관 없다. 하지만 월급일을 기준으로 설정하는 것이 현금 흐름을 설정하는 데 편하고 계산하기 용이하기 때문에 월급일을 기준으로 삼는 방법을 추천한다.

통장 쪼개기: 저축, 고정지출, 변동지출

현금 흐름 시스템 만들기가 복잡하다고 느끼는 이유는 적금이 언제 빠져나가고, 월세가 언제 빠져나가고, 관리비는 언제 나가는지 등 현금의 흐름을 정확히 파악하지 않았기 때문이다. 저축, 고정지출, 변동지출 항목을 정확히 파악해 각각의 자동이체일을 설정하고 통장의 역할을 부여하고, 각각의 통장에서 이체가 되게끔 해야 한다. 이 때 기본적으로 필요한 통장은 월급통장, 지출통장, 비상금통장이다. 구체적으로 통장의 역할을 분류하고 시스템을 만드는 법을 알아보자.

✳ 월급통장

월급통장을 흔히 심장으로 비유한다. 신체에서 심장은 펌프질하면서 피를 신체 곳곳에 공급해 주는 역할을 한다. 우리가 우스갯소리로 월급은 월급통장을 스쳐 지나간다는 이야기하는데 이 표현은 무분별한 소비, 대표적으로 신용카드를 사용한 후 대금이 결제되면서 '텅장'이 되는 현상을 묘사한 것이다. 그런데 우리가 현금흐름 시스템을 만드는 과정에서도 월급통장을 '텅장'으로 만드는 것이 중요하다. 월급통장에 월급이 들어오면 고정지출, 지출통장, 비상금통장으로 심장이 피를 신체 곳곳에 보내주 듯이 목적에 맞게 이체한다. 월급통장에서 각가의 통장으로 이체를 하는 것은 월급일로부터 3일이 지나지 않게끔 한다. 간혹, 주택담보대출이라던지 관리비, 보험비와 같이 자동이체일이 정해져 있는 항목의 경우 월급일에서 제일 가까운 날짜 뒤로 설정한다.

✳ 지출통장_{생활비통장}

지출통장은 간단하다. 생활비로 사용할 한 달 예산을 보내는 통장이다. 생활비를 사용할 때 포인트 적립이나 주유, 통신비 할인 등의 이유로 신용카드를 쓰는 경우가 있다. 이런 혜택을 받으려면 기본적으로 사용해야 하는 금액이 정해져 있고, 신용카드를 사용하게 되면 그때그때 얼마를 소비했는지 정확히 파악이 어렵고 눈에 보이지 않기 때문에 지출통제가 제대로 되지 않는다. 지출 관리가 어렵다면 체크카드 사용을 추천한다. 지출통장으로 사용할 통장에 체크카드를 연결하면 된다.

흔히 지출통장을 월급통장과 혼용하는 경우가 많다. 월급통장 하나로 모든 자금을 관리하는 것이다. 이렇게 되면 월급이 들어오고 성격이 다른 자금들이 들어왔다 나갔다 하면서 현금흐름 파악이 어렵게 되고 무엇보다 사람은 의지가 약하기 때문에 강제할 수 있는 행동장치나 긴장감이 필요한데 지출통장을 따로 구분해서 생활비를 보내야 한 달 예산이 통장 잔액으로 눈에 보이기 때문에 불필요한 소비를 할 때 한 번 더 생각하게 된다. 성격이 다른 자금을 분류하기 위해 월급통장과 지출통장을 나눠야 한다.

✳ 비상금통장

매달 저축 포트폴리오에 포함시켜야 할 항목이 경조사, 병원비, 교육비 금액이 큰 경우, 선물비 같은 비상금 항목이다. 이런 비상금을 보관하기 위해 별도로 비상금통장이 필요하다. 비상금통장을 구별해서 활용하는 이유는 두 가지이다. 첫 번째는 한 달 생활비 예산을 잘 지키기 위해서이다. 저축률을 최소 60% 이상으로 맞추려면 생활비를 많이 줄일 수밖에 없다. 그런데 예상하지 못한 결혼식 등의 경조사가 많아서 두세 번 다녀오게 되는 순간 한 달 생활비가 금방 소모되어 결국 다시 신용카드를 쓰는 악순환을 맞게 된다. 두 번째로는 금융상품을 지켜주는 방파제 역할이다. 우리가 단기 금융상품이라고 생각하는 적금의 기간도 보통 1년이다. 그런데 자동차 사고로 인한 수리비나 큰 병원비 같이 한 번에 목돈이 필요한 순간에 여윳돈이 없다면 아직 만기가 찾아오지 못한 적금이나, 적립식펀드, 연금 상품 등을 해지할 수밖에 없다. 그러면 시간이 쌓이며 받는 혜택도 사라지고 종잣돈을 모으는 기쁨을

맛보지도 못한 채 흐지부지될 가능성이 높다. 갑작스럽게 발생할 수 있는 큰 지출을 대비해 비상금통장을 별도로 활용해야 한다.

잠깐! 지출통제 꿀팁 대 방출

불필요한 약속 줄이기

지출통제가 안 되는 큰 주범을 찾아보면 '인간관계'라는 핑계로 잡는 약속이다. 당연한 이야기이지만 돈 쓸 일을 만들지 않아야 저축을 많이 할 수 있다. 어릴 때는 모든 사람을 다 챙겨야 한다고 생각할 수 있지만 사회생활을 할수록 '인간관계'는 나와 비슷한 사람이나 꼭 필요한 사람들 위주로 압축되기 마련이다. 그렇기에 너무 많은 사람과 이 약속, 저 약속 잡기보다는 그 시간에 자산을 증식시키기 위해 경제 공부를 하고 돈을 모으면서 내 인간관계를 세련되고 멋진 사람들로 바꿔 나가야 한다. 불필요한 약속을 줄이고 돈 공부하는 시간으로 채워나간다면 종잣돈이 모여나감과 동시에 자산을 늘려나갈 수 있는 뼈대를 만들어갈 수 있다.

신용카드 가위로 자르기

신용카드는 지출통제의 '악'과 같은 존재이다. 신용카드를 잘만 사용하면 포인트나 각종 할인, 더 나아가서 신용카드 소득공제를 효율적으로 받을 수 있다고 말하는 사람도 있지만 배보다 배꼽이 더 크다. 신용카드를 사용하게 되면 지출로 사용한 금액이 바로 와닿지 않아서 과소비로 이어지는 경우가 많다. 본인의 통제력을 믿기보다는 '현금흐름 시스템'을 만들어서 시스템에 의한 통제를 받는 게 저축률을 높여 빠른 자산증식을 할 수 있는 지름길이다.

자취 생활은 최대한 미뤄라

지방에서 수도권으로 취업을 위해 자취를 하는 경우는 괜찮다. 그런데 간혹 지인들이나 고객들과 상담을 하다보면 아직 본가에서 생활할 수 있음에도 불구하고 단순히 '자취 라이프'를 즐기기 위해 자취를 하는 경우가 종종 있다. 앞에서도 설명했듯이 지출에는 고정지출과 변동지출이 있는데 자취로 월세가 고정적으로 나가는 순간 월세는 고정지출 항목이라 줄일 수가 없고, 당연히 저축률이 줄어들게 된다. 그리고 아무리 허름한 집이라도 지출이 계속되기 때문에 직장 등 꼭 필요한 사유가 아니라면 자취를 하기보다는 열심히 저축해서 불리고 근사한 내 집 마련을 하자.

감가상각이 되는 자산은 피하자

대표적으로 자동차가 있다. 자동차는 자산의 성격을 가지지만 감가상각이 심하다. 지금은 반도체 이슈로 중고차 가격이 방어가 잘되고 있지만 원래 자동차는 구매 후에 가격이 오르는 자산이 아니다. 게다가 자동차를 구매하면 필수로 들어가는 보험료, 주유비, 유지비 등 부대 비용도 많다. 그래서 구매 전에 계획보다 드는 비용도 많고, 타고 다니면서 낭비되는 돈도 많다. 직업이나 기타 환경 요인으로 꼭 필요한 경우가 아니라면 대중교통을 활용하면서 종잣돈을 모으는 것을 권하고 싶다.

현금흐름 시스템

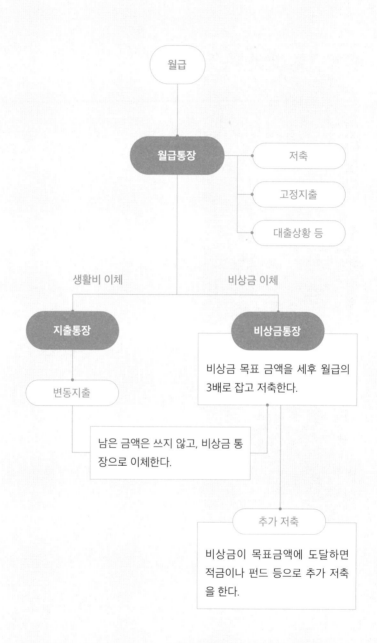

월급

월급통장

저축

고정지출

대출상황 등

생활비 이체

비상금 이체

지출통장

비상금통장

비상금 목표 금액을 세후 월급의 3배로 잡고 저축한다.

변동지출

남은 금액은 쓰지 않고, 비상금 통장으로 이체한다.

추가 저축

비상금이 목표금액에 도달하면 적금이나 펀드 등으로 추가 저축을 한다.

나의 저축 진단표

고정 수익	월급	
	상여금	
	부수입	
	용돈	
	총 수익	
자산	현금	
	적금	
	주식	
	펀드	
	총 자산	
저축액	은행 및 상품명	
	은행 및 상품명	
	총 자산	
소비	공과금	
	식비	
	교통비	
	여가생활	
	대출	
	기타	
	비상금	
	총 소비액	

나의 자산관리 플랜

	20대	30대
년도	~	~
비전		
재무목표	❶ ❷ ❸	❶ ❷ ❸
자산 계획		
수익		
자산	예금, 주식, 채권, 부동산 등	
대출		
자기 계발		
자기 계발	독서, 여행, 어학, 학습 등	
건강		
가정		
사회 활동	봉사, 기부 등	

	40대	50대
년도	~	~
비전		
재무목표	❶ ❷ ❸	❶ ❷ ❸
자산 계획		
수익		
자산		
대출		
자기 계발		
자기 계발		
건강		
가정		
사회 활동		

저축 / 투자 / 은퇴 / 보장

	60대	70대
년도	~	~
비전		
재무목표	❶ ❷ ❸	❶ ❷ ❸
자산 계획		
수익		
자산		
대출		
자기 계발		
자기 계발		
건강		
가정		
사회 활동		

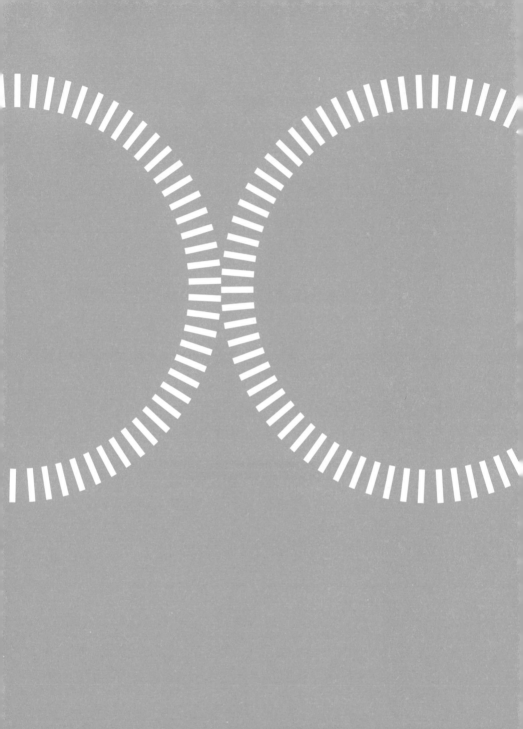

2장

투자

투자, 왜 해야만 하나요

자본주의는 우리를 행복하게 내버려 두지 않는다. 여기서 말하는 자본주의가 무엇인지 정확하게 인지해야 한다. 자본주의란, 백과사전의 의미를 보면 사유재산제에 바탕을 두고 이윤 획득을 위해 상품의 생산과 소비가 이루어지는 경제체제이다. 말 그대로 '자본'을 기초로 하는 경제체제이다. 이 자본은 어떤 것이든 될 수 있는데 노동력, 시간, 돈, 무형의 지식 등을 통하여 경제가 작동하는 것이 자본주의다.

그런데 이 자본주의에서 살아가려고 하니 쉽지 않다. 옛날 조선 시대에는 신분제가 있었다. 소수의 양반들이 다수의 노비들의 노동력을 착취하고 대부분의 이윤은 양반들이 챙겼다. 신분제는 폐지되었지만 오랜 시간이 지난 현재 대한민국에도 소위 소수의 엘리트가 다수의 사람보다 부를 더욱 많이 축적한다. 부의 대물림인 셈이다. 한국 사회의 양극화는 이미 심화되었고 투자로 이익을 창출하지 않는다면 앞으로 빈부격차는 더 벌어질 수밖에 없다. 앞으로 제시할 세 가지 이유로 우리가 왜 투자해야만 하는지 설명한다.

첫 번째, 저금리 기조는 앞으로도 지속된다

과거 부모님 세대에는 그저 절약하고 은행에 저축하는 게 최고의 미덕이었다. 현재의 이율로는 저축만으로 만족했다는 것을 도저히 이해할 수 없지만, 당시에 가능했던 이유는 아래의 '금리변화표'를 살펴보면 납득이 된다.

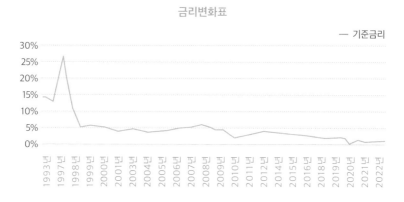

금리변화표

과거에는 10%가 넘는 이자 수준을 유지했기 때문에 충분히 적금만으로도 자산을 증식할 수 있었다. 은행에 1,000만 원을 예금해 놓으면 만기에 이자로 100만 원 이상을 받는데 누가 굳이 위험자산에 투자하려 했을까. 그저 살림을 아끼고 저축을 더 많이 하면 먹고살 수 있던 시대였다. 그런데 금리변화표를 살펴보면 1998년 이후 급격히 떨어진 금리가 이후에도 지속적으로 낮아진다는 것을 알 수 있다.

2022년 현재 대한민국의 기준금리는 현재 1.5%로 2020년 5월 코로나19로 0.5%까지 인하했던 금리가 잠깐 상승한 것처럼 보이는데, "왜 금리가 낮다고 말하는 것일까?"라는 의문을 가질 수도 있다.

현재 상황은 코로나19라는 특수한 상황으로 저금리에 갇힌 박스권에서 간에 기별도 안 가는 수준으로 금리가 변동하고 있는 것이다.

또한 요즘은 단 0.1%라도 더 높은 금리를 주는 은행에 저축을 하려고 사람들이 모여든다. 인터넷에서 금리를 비교해 자택과 먼 곳의 금융기관까지 와서 저축하는 사람들이 늘어나고 있다. 어느 곳에서 특판을 한다하면 은행문이 열리기 전부터 기다리는 사람들이 십시일반인데 과연 제대로된 투자 방법이 맞을까? 0.1%의 금리를 더 받기 위해 금융기관에 직접 가는 시간과 나의 에너지를 쏟는 것이 내 자산을 현명하게 불리기 위한 것이 맞는지 곰곰이 생각해 보자. 투자를 하기 위한 기본은 저축임에 틀림없지만 마냥 저축만 한다면 다른 투자를 물색하는 이들에 비해 자산 증식의 속도가 매우 느릴 것이다. 우리는 이런 저금리 현실에서 물가상승률을 빼면 마이너스 금리에서 살고 있음이 분명하다.

두 번째, 물가는 지속적으로 상승한다

현재 백화점이 역대 최고의 실적을 내게 된 이유는 장기화되고 있는 코로나19의 영향 때문이다. 소비심리 악화 속에서도 고가 명품에는 과감한 지출을 아끼지 않는 보복 소비가 크게 확산되고, 20~30대 MZ세대밀레니얼+Z세대까지 명품 구매 행렬에 가세하면서 백화점 명품 매장에는 '오픈런'이 끊이지 않고 있다.

'샤테크'라는 말을 들어보았는가? 샤넬이라는 명품 브랜드 제품의 가치가 지속적으로 상승하고 있다. 샤넬은 코로나19 이후 가격을 네 번이나 인상했다. 2020년 5월 5~17%, 2020년 10월 5%, 2021년 7

저축 / 투자 / 은퇴 / 보장

월 10%, 2021년 11월 17.8%까지 1년 6개월 만에 가격이 최소 35%가 올랐다. 간혹 없는 살림에 쪼개어 나를 위한 보상 선물로 가방을 사기 위한 적금에 가입하는데 막상 1년, 2년 동안 목표했던 돈을 모으고 나면 내가 갖고 싶었던 가방은 이미 살 수 없는 가격대로 오른 경우가 한두 번이 아니다.

여기서 말하고 싶은 것은 요즘 소비 트렌드가 아니라 지속적으로 물가는 상승한다는 것이다. 명품으로 비유했지만 실생활을 예로 들자면, 어릴 적 기억하는 봉지 과자의 가격은 270원이었다. 지금 편의점에서 봉지 과자를 보면 한 개당 1,500원에 육박한다. 가격은 몇 배나 상승했다.

결론적으로 금리는 지속적으로 낮아지고 있는데, 매년 물가는 상승하고 있다. 열심히 저축해서 받은 예·적금 이자가 물가상승률도 따라잡지 못하는 상황이 바로 지금 우리가 살고 있는 시대다. 이것을 '실질금리'라고 표현하는데, 우리가 지급받는 금리에서 물가상승률을 차감하면 대한민국의 금리는 실질상 마이너스 금리나 다름이 없다. 매년 물가는 2% 수준으로 상승하고 있기 때문이다. 은행에 예·적금만 하는 것은 자신의 돈의 가치를 떨어뜨리는 행위와 다름없다.

세 번째, 산업은 고도화되고 있다

산업 구조적인 측면을 보면 우리가 투자해야 하는 이유를 또 발견할 수 있다. 현재 우리는 어떤 산업에서 살고 있는가? 농업이 주인 1차 산업인가? 광공업이 주인 2차 산업인가? 정보화시대인 3차 산업인가? 아니면 인공지능 기술을 기반으로 한 4차 산업인가? 대한민국은 지금 3차와 4차 산업이 공존하는 시대에 살고 있다. '4차 산업혁명'이란 인공지능기술 및 사물 인터넷IoT, 빅데이터 등 정보통신기술ICT과의 융합을 통해 생산성이 급격히 향상되고 제품과 서비스가 지능화되면서 경제와 사회 전반에 혁신적인 변화가 나타나는 것을 의미한다.

농업과 광공업이 주였던 1, 2차 산업시대에는 우리가 오로지 노동력만 제공하면 돈을 벌 수 있었다. 나의 몸이 곧 소득이었다. 그러나 3차, 4차로 진행되면서 기업들은 고학력과 고스펙을 요구하고 있다. 산업의 고도화로 인해 개인이 기업의 이익을 좇을 수 있는데 한계가 발생하고 있다. 기술의 발전은 나날이 가속화되고 있는데 개인은 발전의 속도를 따라가질 못하고 있다. 그래서 개인과 기업의 성장 편차가 커지는 것을 알 수 있다.

그렇다면 기업의 이익을 우리의 것으로 가져오기 위해서는 반드시 기업에 투자해야 한다. 기업에서 A라는 물건을 10만 원에 판매하다가 물가가 상승해 가격이 15만 원으로 상승했다고 하면 판매자인 기업의 이익이 증가한다. 매출액이 증가되면 회사의 가치가 상승하고, 회사의 성장을 보고 투자하는 주주들이 늘어나면서 그 회사의 주가는 당연히 상승할 것이다. '기업, 너네만 돈 벌지 말고 우리 같이 벌자.' 이게 바로 투자라고 보면 된다.

앞의 세 가지 요인을 살펴보며 내리는 결론은 저금리 환경은 지속될 것이고, 물가는 지속적으로 상승하며, 산업구조는 점점 고도화되고 있다. 회사와 나라가 나의 자산을 지켜주지 않는다. 결국 물가상승의 속도가 소득의 증가 속도보다 더 가파르기 때문에 투자를 하지 않는다면 이는 곧 나의 자산가치를 떨어뜨리는 행위와 같다.

아래 내용에 해당하는 항목의 개수를 체크해 보자.

1. 5성급 호텔에 가서 가격을 보지 않고 코스 요리를 시켜먹고 싶다.
2. 부모님께 용돈을 월 100만 원씩 드리고 싶다.
3. 가족이 아플 때 병원비를 서슴없이 지불하고 싶다.
4. 친구들에게 아무런 걱정 없이 베풀고 싶다.
5. 여행을 떠날 때 비즈니스 또는 퍼스트 클래스를 타고 가고 싶다.
6. 일을 열심히 하다가 쉬고 싶을 때 갑자기 훌쩍 여행을 떠나고 싶다.
7. 사랑하는 자녀가 무언가를 원할 때 부모로서 돈에 제약 없이 지원해 주고 싶다.
8. 내 집에서 월세, 대출이자 걱정 없이 살고 싶다.
9. 일하지 않고도 매달 고정적으로 들어오는 불로소득을 얻고 싶다.
10. 꿈꿔왔던 인생의 버킷 리스트를 돈과 시간의 제약 없이 이루고 싶다.

이 글을 읽는 본인은 몇 개의 YES가 있는가? 적어도 세 개 이상이라면 우리는 투자를 해야만 한다.

투자와 사랑에 빠지는 방법

투자를 하고 싶은데 어떻게 시작해야 할지 모르는 사람들이 많다. 주변만 둘러봐도 시작하는 데 있어 어려움을 겪고 있다. 가장 먼저 해야 할 것은 꾸준히 공부하는 것이다. 꾸준함은 절대 배신하지 않는다. 우리는 학창 시절 내내 학교에서 정해진 교과 과정을 따라 배움에 임했다. 본인이 좋아하는 과목은 더 열심히 공부했을 것이고, 그렇지 않다면 등한시했을지도 모른다. 당연히 성적은 내가 그 과목에 공을 들인 만큼 나온다.

그렇다면 은행에 저축만 할 줄 알던 내가 이제 어느 정도 종잣돈이 모여 투자를 하고 싶은데, 어떻게 해야 할까? 뭐든 안 해 본 것보다는 해본 사람이 낫다고 소액으로 여러 가지에 투자하며 시작해 보자. 예를 들어 투자의 방법은 주식, 펀드, 채권, P2P, 금, 달러, 원자재, 부동산, 코인, 미술품 등 여러 방법이 있다. 남들이 어디에 투자해서 얼마 벌었다는 이야기에 휘둘리지 말고 소액으로 여러 투자 방법을 겪어보고 본인에게 알맞은 방법을 찾으면 된다. 그렇다면 어떻게 투자해야 할까?

잘 아는 것에 투자하기

전설의 투자자 피터 린치가 있다. 그는 1977년부터 1990년까지 13년 동안 마젤란 펀드를 운용하면서 연평균 29.2%라는 놀라운 수익률을 기록했다. 그는 자신의 행동반경에서 10루타 종목10배 수익이 나는 종목을 발견할 수 있다고 한다.

그럼 도대체 어떻게 발견할 수 있을까? 그는 가족과 백화점이나 마트를 방문해 쇼핑하면서 사람들이 자주 사는 제품들을 관찰했다. 그리고 그 제품을 판매하는 기업들을 찾아 투자하곤 했다. 예를 들면, 매일 카카오톡으로 사랑하는 가족들과 지인들과 연락을 주고받고 있는 사람이라면 카카오에 관심을 가져볼 수 있는 것이고, 네이버를 통해 많이 여러 정보들을 찾고 있다면 네이버에 관심을 가져볼 수 있는 것이다. 여름이 되면 사람들이 계절 특성 상 아이스크림을 많이 찾을 것이고 시원한 맥주를 많이 마실 수도 있다.

"어디에 투자해야 돼요?"가 아닌 내가 잘 사용하고, 잘 알고 있는 것에 투자를 하는 것이 바로 생활 속의 투자 아이디어다. 물론 생활 속에서 발견한 종목이라고 무조건 맹신하면 안 된다. 최소한 내가 지속적으로 지켜보며 잘 아는 것에 투자를 해야 예상치 못한 악재가 오더라도 더 관심을 가지고 찾아볼 힘이 생긴다.

남이 보지 않는 가치에 주목하기

아는 만큼 보인다고 남이 보지 못하는 가치를 알면 수익을 올릴 수 있는 기회를 잡을 수 있다. 예를 들어 500원짜리 동전과 5만 원짜리

지폐 한 장이 있다면 당연히 5만 원을 선택할 것이다. 그러나 그 동전이 1998년에 발행되었다면 선택이 달라질 수 있다. 1998년에 발행한 500원은 당시 IMF 외환위기로 일반인을 대상으로 발행하지 않고 해외 홍보용으로만 판매해 발행량이 굉장히 적다. 희소한 것은 당연히 가치가 높을 수밖에 없다.

투자에서도 똑같다. 단순히 나는 '현대자동차'가 좋다고 해서 현대자동차에 투자하는 것이 아니라, 현재 현대자동차가 돈을 잘 벌고 있는지, 이 회사는 어디에 수출을 하고 있는지, 차량을 만들기 위한 원자재를 어디서 공급해 오는지, 문제점은 없는지 등 잘 살펴보아야 한다. 차 중에서도 내연기관차가 잘 팔리는지 전기차나 수소차인 친환경 자동차가 잘 팔리는지, 사람들이 선호하는 차량은 무엇인지 세부적으로 살피며 남이 보지 않는 가치에 주목해야 한다.

장기적 접근

우리는 100세 시대를 살아가는 중이다. 정작 일하는 기간은 줄어들고 있는데 살아갈 날이 많다. 투자는 하루라도 빨리 시작하는 것이 좋다. 또한 내가 투자하기로 결심했다면 절대 하루하루 주가의 등락 폭에 일희일비하지 않아야 한다. 우리는 하루 이틀 투자할 것이 아닌 앞으로 거시적인 관점으로 평생 투자해야 하기 때문이다.

투자 성과는 불규칙한 경우가 일반적이다. 시장은 매번 상승하지도 않고 매번 하락하지도 않는다. 상승장에 투자를 시작했던 사람이라면 좋은 결과를 맺었을 수도 있겠지만 갑자기 하락장이 왔을 때 어떻게 대처해야 할지 모르고 스트레스를 받을 수도 있다. 가장 대표적인 '삼성전자'만 보더라도 삼성전자의 10년 전 주가와 현재의 주가 차이를 본다면 어마어마하다. 그 10년간의 온갖 풍파를 겪으면서 묵묵하게 투자했던 사람이라면 지금쯤 엄청난 수익률을 기록하고 있을 터, 대부분의 사람은 그것을 견디지 못하고 중간에 차익실현을 한다. 끝까지 기업의 가치를 믿고 엉덩이 무겁게 앉아 있는 사람만이 큰 수익을 얻을 수 있다. 단기간에 수익을 욕심내거나 주가 상승과 하락에 일희일비할 거라면 절대 투자하지 말자.

투자의 꽃,
주식 붐에서 살아남기

'주식에 투자하면 패가망신한다.'는 말은 사라진 지 오래다. 코로나19가 시작되었을 때 전 세계에서 경기를 부양하기 위해 돈 풀기 정책을 펼치면서 통화량이 급격하게 늘어났다. 한 가지 예로 금리가 인하가 되면서 저금리로 돈을 빌려 친구들도 직장 동료들도, 지인도 모두 투자를 시작했다.

사실상 2020년 3월부터 2021년 상반기까지 투자 시장이 견고하게 상승해 왔고 주위에서 투자해서 돈을 벌었다는 소식이 심심찮게 들려온다. 주식, 코인, 부동산 할 거 없이 얼마를 벌었다는 소식에 저축밖에 모르던 동학개미들이 나도 해볼까하며 투자 시장에 몰려들었다. 초심자에게는 행운이 따른다는 말이 있다. 이 기간 동안 사실상 유동성이 밀어 넣은 상승장으로 웬만하면 수익을 봤다. 그때의 투자는 운이 좋았던 것이지 본인의 실력이 아닐지도 모른다. 현재의 시장을 보면 금리인상과 대내외적인 이슈러시아와 우크라이나의 지정학적 리스크들로 하락장을 경험하는 초보자들은 변동성을 견디지 못하고 손실을 보고 떠난다. 앞으로의 시장은 점점 더 어려워질 것이며 주식 투자의 붐에서 살아남기 위해서는 분별력을 기르기 위해 결국 오랫동안 꾸준하게 공부를 해야 한다.

그럼 실제로 주식과 부동산 중 무엇이 더 많이 상승했는가에 대해 토론을 해보면 대부분의 사람들은 부동산 투자가 돈을 더 많이 벌어다 준다고 인식하고 있다. 이를 비교하기 위해서는 우리나라 1등 기업인 삼성전자와 강남의 은마아파트의 사례가 아닌 주식과 부동산 전체에 대한 통계를 봐야 한다. 실제로 부동산보다 주식이 과거 대비 현재까지 수익률이 월등히 좋다는 사실이다. 아래 표를 통해 실물자산과 금융자산 투자에 대해 다시 한번 생각해 보자.

과거 1986년부터 현재까지 우리나라 주택가격지수와 코스피 지수를 비교해 봤을 때, 연간상승률로만 보면 코스피가 주택의 2배 정도 차이가 나지만 35년간의 수익률 결과는 3배 넘게 난다. 실제로 1986년 12월을 기준으로 코스피 지수는 272.61이고 아파트가격지수는 31.7이다. 2021년 12월 30일을 기준으로 코스피 지수는 2,977.65이고 아파트가격지수는 104.6이다. 약 코스피는 10.9배, 주택은 3.2

배 상승했다.

우리나라 사람들의 70% 이상의 자산이 부동산으로 이루어져 있는 만큼 가계의 보유자산 대비 부동산 비중이 지나치게 높은 편이다. 모든 자산은 시기에 따라 오르기도 내리기도 하기 때문에 특정 자산에 편중되기 보다는 적절하게 분산 투자해야 한다. 또한 부동산과 비교한 주식투자의 장점은 더 높은 수익률을 제공해 줄 뿐만 아니라 자금이 필요할 때 언제든지 쉽게 현금화가 가능하다. 투자는 결국 장기적으로 오래 살아남는 사람이 승리한다.

경제신문으로 생각의 열매 수확하기

기업의 주식을 사는 것은 그 기업과 동행을 하는 것이다. 우리나라 코스피KOSPI[5], 코스닥KOSDAQ[6] 시장에 상장된 기업만 약 2,000개가 넘는다. 모든 기업을 알기란 어려운 일이지만 세상이 어떻게 흘러가는지 파악한다면 어느 산업이 그리고 어느 기업이 수혜를 받을 수 있을지 알 수 있다. 투자는 사고Thinking로부터 시작된다.

세상은 그 어느 때보다 빠르게 변하고 있다. 경제신문을 매일 아침에 챙겨보면 경제신문을 보기 전과 후의 세상이 너무나도 다르다. 새로운 기술들은 계속 등장하고, 그에 맞춰 기업들은 발빠르게 대응

---

5 코스피는 대기업이 포함된 시장으로 코스닥과 비교해 상장 여건이 까다로워서 우량 기업이 많다. 종합주가지수라고 불리기도 하는데 증권 거래소에서 상장된 기업의 종합 주가지수를 말한다.

6 코스닥은 전자거래시스템으로 운영되는 한국의 장외 주식 거래시장이다. 중소기업이 주로 상장되어 있다.

저축 / 투자 / 은퇴 / 보장

하고 있다. 그런데 돈은 이들보다 더 빠르게 움직인다. 이러한 정보를 가장 기본적이면서 균형 있게 습득할 수 있는 것은 역시 경제신문이다. 어쩌면 경제신문이라는 것이 하나의 조각 조각으로 세계 경제와 금융시장, 그리고 산업의 변화, 기업의 동향이 어우러져 점과 점으로, 그리고 선과 선으로, 결국 면과 면으로 보여진다. 결국 세상이 돌아가는 흐름을 알아야 돈이 흘러가는 방향을 알 수 있는 것이다.

　사실 경제신문이라는 것이 처음 보는 이들에게는 너무나 생소하고 어렵게 느껴진다. 용어도 기업의 이름 또한 생소한 것이 많다. 처음에 신문을 펼쳐 보면 우물 안 개구리로 살았구나, 경제에 무지했구나라며 스스로 자책하곤 한다. 하지만 6개월 뒤에도 똑같이 느끼고 있을까?

　경제신문이라 해서 종이신문만 있는 것은 아니고 E-신문을 구독할 수도 있다. 인터넷 포털 사이트만 접속하더라도 기사들은 넘쳐난다. 하지만 가짜 기사들도 많기에 사실과 의견을 구분하는 눈을 길러야 한다. 제일 처음 경제신문을 보는 이라면 제목부터 읽는 습관을 들이기를 바란다. 제목을 꾸준히 읽다 보면 어느새 그 안의 나머지 글씨를 읽을 여유가 생긴다. 그리고 처음부터 작은 글씨에 집중하기보다는 큰 글씨에 집중해야 하는데 이유는 헤드라인에서 핵심이 모두 나와 있기 때문이다. 다 읽지 않더라도 대충 무슨 이야기가 나올지 짐작이 간다. 이렇게 꾸준히 반복하다 보면 '요즘은 세상이 이렇게 돌아가는구나.', '어제는 이런 일이 있었구나.' 등 세상과 경제의 흐름을 파악하는데 도움이 되고 출근길에 라디오를 듣고 있는데 내가 읽은 기사 내용이 나오면 그걸 알아듣는 자신이 너무나도 신기해하면서 점차 경제가 재미있어진다.

　그럼 경제신문이라고 해서 모든 기사가 돈이 되지는 않는다. 그

중에서도 돈이 되는 카테고리는 따로 있다. 바로 금리, 반도체, 4차 산업, 미국지표, 글로벌 이슈, 통계청 발표, 부동산, 정부 정책 총 여덟 가지다.

돈이 되는 카테고리

* 금리

금리는 경제 전반적으로 영향을 주고 주식과 부동산 시장에 영향을 미친다. 금리가 인하되면 돈의 가치가 떨어지는데 그렇게 되면 은행에 예금되어 있던 자금들이 주식이나 부동산 등의 실물 자산으로 이동하는 흐름을 보인다. 코로나19로 인해 경기 침체를 막기 위해 한국은행에서 기준금리를 0.5%까지 인하했다. 저금리이다 보니 은행에 저축하려는 사람은 줄어들고 반면 너도나도 저렴한 금리로 돈을 빌려 주식과 부동산에 투자를 했다. 그러다 보니 자산의 가치가 폭등했다. 금융시장이 망할 줄 알았던 2020년 3월의 코스피, 코스닥 지수와는 다르게 2021년 7월 우리나라 코스피 지수는 박스권을 탈출해 최고점을 경신했고 부동산 가격은 지속적으로 올라갔다. 허나 이런 자산의 가격만 올라가는 것이 아니다. 우리의 밥상 물가 또한 폭등했다. 어느새 채소를 사러 마트에 가면 고기 값을 주고 사야 하고, 계란 한 판의 가격 또한 많이 올랐다. 이처럼 일상생활에서도 많은 영향을 미치지만 투자에 있어서도 큰 영향을 미치는 걸 볼 수 있다.

반도체는 경제의 쌀이라고 불릴 만큼 우리나라 수출 1위 품목이다. 주식시장에서 코스피를 좌지우지하는 대표기업은 삼성전자와 SK하이닉스가 있다. 그들이 요즘 어떤 사업을 하고 있는지, 현재 시장 상황은 어떠한지, 어디에 주력으로 투자하고 있는지 잘 살펴보아야 한다.

삼성전자와 SK하이닉스에 제품을 공급하는 기업들을 찾는 것도 묘미가 있다. 결국 대한민국 반도체 1, 2등 기업의 실적이 좋다면 전반적인 반도체 산업자체의 실적 또한 따라오기 마련이다. 또한 요즘 전 세계적으로 반도체 공급난 문제가 있는데, 자동차용 반도체의 공급이 부족하면 신차의 출고가 지연이 되고 자연스럽게 중고차의 가격이 올라가는 현상을 볼 수 있다. 반도체의 공급이 어렵다면 전 세계의 각종 전자제품, 자동차, IT 산업 등이 전반적으로 타격을 입을 수밖에 없다. 고객에게 물건이 전달되어야 하는데 원재료가 없다면 만들 수가 없지 않은가? 결국 서로 반도체를 수급하기 위해 노력할 것이고, 이는 반도체 가격의 상승으로 이루어질 수밖에 없다. 결국 각 산업의 생산제품이 가격이 상승하게 되면 이는 또 물가상승으로 이루어진다.

＊ 4차 산업

요즘 주로 등장한 기술로 로봇, AI, 자율주행, 메타버스, 우주항공 등이 있다. 이러한 기술의 발전은 코로나19 이후 더욱 빨라지고 있는데 4차 산업군들은 앞으로의 성장성이 무궁무진하다. 어느 순간 음식점을 가니 키오스크로 메뉴를 주문하고, 로봇이 음식을 서빙해 주고, 영화관에서 콘텐츠를 시청하는 것보다 넷플릭스를 이용해 집에서도 어디에서도 영화를 보고 있다. 또 얼마전 일론 머스크의 스페이스X가 민간인 4명을 태우고 우주여행을 성공했다. 현재는 우주여행을 하려면 절차가 까다롭고 비용도 엄청나게 비싸지만 앞으로 20년, 30년 뒤에는 우리가 해외여행 가는 것만큼 비용이 저렴해질지 누가 장담할 수 있을까. 코로나19가 앞당긴 원격진료, 그리고 가상현실에서의 삶ᴹᴱᵀᴬⱽᴱᴿˢᴱ 등 앞으로 우리의 삶이 어떻게 변화가 될지 지속적인 관심을 가지고 모니터링 해야 한다.

✳ 미국지표

미국에서 발표하는 여러 가지 지표는 세계 경제에 큰 영향을 미친다. 한국의 금융위기 당시 원화 가치는 폭락하고 달러의 가치는 폭등했다. 보통 미국의 금리가 인상되면 대한민국의 금리도 인상한다. 미국 증시가 좋지 않으면 한국 증시도 좋지 않고, 미국의 달러가 기축통화[7]인 만큼 전 세계의 돈의 흐름을 좌지우지하는 경향이 있다.

대게 지표라고 하면 미국의 기준금리, 소비자물가지수, 고용률, 주가지수 등이 있다. 이 지표들이 발표될 때 우리나라 증시에 어떤 변화가 있는지 살펴볼 필요가 있다. 또한 미국의 중앙은행인 연방준비제도ᶠᴱᴰ, 줄여서 '연준'이라고 하는데 여기서 의장의 발언 또한 큰 영향력을 가지고 있기 때문에 살펴봐야 한다.

[7]   국제간의 결제나 금융거래의 기본이 되는 통화를 말한다.

예전에는 나라가 나라를 차지하기 위해 무력으로 전쟁을 일으켰다면 요즘은 정치 경제적 이유로 '무역' 전쟁을 일으키곤 한다. 가장 대표적인 나라 간의 전쟁은 미·중 갈등이 있는데 미국과 중국의 갈등으로 인해 한국이 반사이익을 얻는 경우도 있다. 한 가지 예로 중국은 세계에서 가장 많은 희토류를 가공하는 국가로 전 세계 희토류 생산의 81%를 담당하는 것으로 알려져 있다. 미국은 중국의 희토류에 상당 부분을 의존하고 있다. 그런데 중국이 '희토류 무기화'를 한다면 그에 따라 희토류 가격이 상승할 것이라는 기대감 때문에 희토류 관련주인 '유니온머티리얼'과 '유니온'이 변동성을 보인다.

모든 국가가 무력 충돌을 일으키지 않는 것은 아니지만 최근 러시아의 우크라이나 침공 이슈가 지속되고 있다. 러시아는 세계 1위의 천연가스 생산국이다. 지정학적 리스크로 인해 천연가스 공급 길이 불투명해지면서 천연가스 가격이 고공 행진했다. 이로 인해 국내 천연가스 관련 기업들의 주가가 상승한 바 있다.

또한 원자재 가격 상승에 따라 우리나라 생활 물가도 오르는데 주유소의 기름값을 생각할 수 있다. 대표적으로 국제유가는 자동차, 비행기, 선박, 그리고 공장을 가동시키는 전력에도 영향을 미친다. 예를 들어 산유국에서 원유를 증산하지 않거나 생산공장이 불에 타면 공급이 당연히 부족해지기 때문에 국제유가의 가격이 상승할 수밖에 없다. 대한민국에 국한하는 것이 아니라 전 세계적으로 세상이 어떻게 돌아가는지 알게 되면 시각이 넓어진다.

통계청에서 발표되는 여러 지표들은 앞으로의 경제가 어떻게 될지 선행지표 역할을 한다. 신문에서 GDP, 경제성장률, 고용지표, 소비지표 등 미국지표와 거의 동일하다. 이 지표들이 예상치보다 좋은지, 나쁜지 봐야 한다. 코로나19로 인해 그 당시 실직된 사람도 많았고, 사람들은 소비하지 않고 기업들은 재고가 계속 쌓이니 이야말로 경제의 악순환이 아닌가. 해결책으로 정부가 경기를 부양시키기 위해 돈을 풀고 점점 백신이 보급되고 접종률이 높아지니 사람들은 조금씩 소비를 하기 시작한다. 이제 좀 살만하다고 느낀다면 당연히 소비지표가 좋아질 수밖에 없다. 이와 같은 논리로 통계청에서 매월 발표되는 지표들을 이용해 앞으로의 경기가 어떻게 될지 거시적인 관점으로 투자 판단을 할 수 있다.

＊ 부동산

부동산은 '주식'과 '부동산' 두 가지의 관점으로 볼 수 있다. 주식의 입장에서 바라봤을 때 정부에서 어떤 지역에 몇만 호의 주택 공급 정책을 내세운다고 가정한다면, 향후 몇 년간 주택을 많이 짓는다고 하니 건설업종의 일거리가 많아진다고 생각할 수 있다. 또한 아파트를 짓는데 필요한 시멘트와 철근 등 원자재가 많이 필요하겠다던지, 입주할 때 집 안에 들어갈 가전과 가구 등도 수요가 많아지겠구나 등의 사고를 한다면 건설업, 원자재 관련 기업, 가전, 가구 업종을 투자의 먹거리로 생각해 볼 수 있다. 반면 부동산의 입장에서 바라본다면 사람들마다 사는 지역에 따라 관심도는 다르더라도 공통적으로 누구라도 내 집 마련이라는 꿈을 꾼다. 내 집 마련을 위해서는 수시로 바뀌는 부동산 정책을 알아야 한다. 아파트를 매수할 때 100% 현금으로만 살 수 있는 사람이 거의 없을 것이다. 대부분 대출이라는 수단을 이용하는데 내가 매수한 주택의 지역이 조정지역으로 묶여버린다면 대출이 가능한 줄 알고 계약을 했는데 갑자기 대출이 나오지 않는 경우도 생겨버린다. 혹여나 금리가 인상될 것 같다면 앞으로 대출이자 비용이 더 많이 부담될 것이라고 판단하여 조금 서둘러 내 집 마련을 할 수도 있을 것이고, 현재 부동산 시장 흐름을 잘 살펴보면서 기회를 엿보다가 그 기회를 잡기 수월할 것이다. 우리나라 사람들의 자산의 70%가 부동산이라고 할 만큼 대표적인 재테크 수단이니 부동산 가격의 흐름 또한 지켜보자.

✻ 정부 정책

정부의 정책은 투자 상황을 살펴보는 데에 굉장히 중요하다. 현 정부가 추진하고 있는 사업들이 무엇이 있는지 알아야 한다. 대표적으로 탄소중립[8]을 예로 들자면 전 세계적으로 지구온난화인 기후변화에 대해 탄소중립 정책을 펼치고 있는데, 친환경이 중요해지면서 카페에서 매장에서 일회용 컵을 제공하지 않고, 스타벅스에서는 종이 빨대를 제공한다. 또한 앞으로 전기차, 수소사회 등 친환경 에너지로의 전환을 추진하고 있다. 그렇게 된다면 당연히 돈이 쏠리는 곳은 정해져 있지 않은가. 그만큼 정부의 정책은 경제 전반에 큰 영향을 미친다.

---

8   배출한 이산화탄소를 흡수하는 대책을 세워 경제활동으로 배출되는 탄소의 양을 '0'으로 만드는 것이다.

대한민국에서는 기준금리를 한국은행 소속 기관인 금융통화위원회에서 1년에 여덟 번 결정한다. 만약 다음 달 금융통화위원회에서 기준금리 인상이 유력하다는 기사들이 포털 사이트에 쏟아져 나오고 있다면 우리는 어떻게 사고할지 생각해 보자.

기준금리가 인상이 되면 은행의 예·적금 금리도 인상이 된다. 사람들은 위험자산 주식보다 안전자산인 은행에 저축을 많이 하려 할 것이고 기존 대출이 있는 사람이라면 금리가 인상되면 내야 할 이자가 올라간다. 예대마진[9]을 먹고 사는 은행은 당연히 수익이 늘어날 수밖에 없다. 그럼 은행들[10]의 실적이 좋아진다고 파악할 수 있다. 은행의 실적은 좋아지겠지만 서민 중 대출이자를 부담하기 어려워 삶이 퍽퍽할 것이다. 슬픈 현실이지만 이자를 갚지 못해 신용불량자가 늘어난다면 채권추심 회사들[11]이 바쁘게 일을 할 것이다. 그럼 그 회사들은 일거리가 많으니 실적이 좋아질 수 있다. 또한 정부의 대출 규제로 대출받기가 점점 어려워지고 있다.

그럼 비교적 규제가 덜한 인터넷 은행과 2금융권, 3금융권으로 몰려 풍선효과가 일어난다. 금리가 인상되는 것 하나만으로 이렇게 폭넓은 사고가 가능해진다. 생각 가지치기의 시발점은 경제신문에서 시작되기 때문에 어렵더라도 매일 꾸준하게 읽다 보면 내가 모르던 다양한 세상이 펼쳐질 것이다.

---

9   대출이자에서 예금이자를 뺀 부분으로, 은행이 대출로 받은 이자에서 예금에 지불한 이자를 뺀 나머지 부분을 말한다.
10   대표적인 1금융권 상장 기업으로 기업은행, KB국민은행, 하나금융지주, 우리금융지주 등이 있다.
11   NICE, 고려신용정보 등이 있다.

재무제표로
좋은 기업 찾아내기

재무제표란 기업의 재무와 성과에 관한 보고서다. 기업의 자산과 부채, 자본은 얼마이고 현재 어디에 돈을 쓰고 있고 벌어들이고 있는지 상태를 수치로 확인할 수 있는 지표이다. 재무제표는 재무상태표, 포괄손익계산서, 자본변동표, 현금흐름표, 주석으로 이루어져 있다. 재무제표를 파악하여 투자해도 좋을 기업인지 분석해 보자. 주식투자를 함에 있어서 재무제표를 보는 이유는 좋은 기업과 나쁜 기업을 구분할 수 있기 때문이다. 예를 들어 매년 적자가 나는 회사가 있고 흑자가 나는 회사가 있다면 당신이라면 어느 회사에 투자를 할 것인가? 상식적으로 적자나는 회사는 피하고, 100이면 100 흑자가 나는 회사에 투자하고 싶을 것이다. 당연히 돈을 잘 벌고 있는 회사라면 매출액이 꾸준히 늘어날 것이고 영업이익 또한 증가할 수밖에 없는 구조다.

재무제표의 구성

재무상태표	특정 시점에 현재 기업의 재무상태를 나타낸 표이다.
포괄손익계산서	일정 기간 동안의 수익과 지출을 볼 수 있다.
자본변동표	주주들의 지분 구성 변동 내역을 나타낸 표이다.
현금흐름표	현금이 어떻게 조달되고 사용했는지 알 수 있다.
주석	회계 정책이나 우발부채 등 기업의 나머지 상세한 정보를 알 수 있다.

재무제표에서 살펴봐야 하는 용어

매출액	상품의 매출 또는 서비스 제공에 대한 수입 금액이다.
영업이익	기업이 순수하게 영업을 통해 벌어들인 이익이다.
당기순이익	일정 기간의 순이익이다.
ROE Return On Equity	회사의 부채를 제외한 순자산 대비 돈을 얼마나 벌고 있는지 나타내는 수치로, '자기자본이익률'이라고 한다. 보통 ROE는 회사채 수익률보다 높으면 양호하다. 당연히 ROE의 수치가 높을수록 투자금 대비 당기순이익이 많으며 수익성이 좋다고 판단할 수 있다. 미국의 워런 버핏은 ROE를 15% 이상 꾸준히 유지하는 기업에 투자를 고려한다고 할만큼 ROE는 중요한 지표이다. **ROE=당기순이익/평균자기자본.**
사내유보금	영업활동에서 생긴 이익인 이익잉여금과 자본거래 등 영업활동이 아닌 특수거래에서 생긴 이익인 자본잉여금을 편의상 합해 놓은 것으로 1년간 기업이 벌어들인 순이익에서 배당을 제하고 기업이 저축해둔 이익이다. 사내유보금이 많은 건 순이익이 많고, 회사의 재무구조가 튼튼하다는 뜻이다. 사내유보금을 두는 이유는 불확실한 미래를 대비하고, 회사의 성장에 필요한 기술투자와 M&A 등에 이용하기 위해서다.

유보율	사내유보금전체잉여금은 절대적인 수치여서 회사가 가진 납입자본금과 사내유보금의 비율을 계산하여 재무제표에 사용하는데 이를 유보율이라고 한다. 유보율이 높다면 자본금에 비해 잉여금이 많다는 뜻이고 회사가 운영을 잘해 쌓아 놓은 돈이 많다는 뜻이다. 보통 유보율이 1000 이상이면 매우 좋은 회사라고 볼 수 있다. 하지만 유보율이 높은 기업은 주주들의 배당 요구가 끊이지 않을 수 있다. **유보율=(이익잉여금+자본잉여금)/납입자본금×100**
부채비율	기업의 자산 중 부채가 차지하는 비율로 기업의 재무안정성을 나타낸다. 보통 100% 이하면 안전하고 200%가 넘어가면 위험하다고 판단한다. **부채비율=타인자본/자기자본.**
EPS Earnings Per Share	기업이 1주당 얼마의 순이익을 냈는가를 확인하는 지표로 '주당순이익'이라고도 부른다. 높을수록 투자가치가 높은 기업으로 판단한다. **EPS=당기순이익/총 주식수.**
PER Price Earning Ratio	주가를 주당순이익EPS으로 나눈 것으로 '주가수익비율'로도 불린다. PER가 낮을 경우 해당 회사가 거둔 이익에 비해 주가가 낮고, 기업의 가치에 비해 주가가 저평가되었음을 판단할 수 있다. 반대로 PER가 높으면 거둔 이익 대비 주가가 고평가됨을 알 수 있다. 대체로 PER이 10 이하일 경우 저평가로 분류할 수 있다. 대표적으로 바이오, IT, 메타버스, 우주항공 등의 4차 산업들은 PER이 굉장히 높은 편이다. 하지만 각 기업의 경쟁력이 다르기 때문에 절대적인 수치로 보지 말고, 꼭 동종 업계별 상대적인 비교가 필요하다. **PER=주가/EPS.**
BPS Book-value Per Share	'주당순자산가치'라고도 불리며 기업의 순자산을 발행한 주식수로 나눈 것이다. 순자산이 클수록 좋고 현재 주가보다 BPS가 높은 경우 저평가로 판단할 수 있다. **BPS=현재 순자산/총 발행주식수.**
PBR Price Book-value Ratio	주가순자산비율을 뜻하는데 주가를 BPS주당순자산가치으로 나눈 것이다. 기업의 순자산에 대해 1주당 몇 배 거래되고 있는지 측정한다. 수치가 낮을수록 저평가로 판단할 수 있다. 보통 1 이하면 좋은 기업이라고 판단한다. **PBR=현재 주가/BPS.**

꾸준하게 이익이 창출되는가

기업 운영의 목적은 결과적으로 이익을 창출하는 것이다. 이익을 꾸준하게 창출하지 못하는 기업은 결국 살아남기 힘들다. 돈을 잘 벌고 있는 기업은 당연히 매출액, 영업이익, 당기순이익이 증가할 것이다. 보통 전년 대비 올해 또는 전분기 대비 이번 분기를 비교해 증가하고 있는 기업이 좋은 기업이다. 그림 아래 두 가지 중에서 어느 기업이 돈을 더 잘 벌고 있는지 구분해 보자.

A 기업의 최근 연간 실적

주요재무정보 (단위: 억 원)	2019.12	2020.12	2021.12	2022.12ᴱ
	IFRS 연결	IFRS 연결	IFRS 연결	IFRS 연결
매출액	8,543	7,894	9,983	10,859
영업이익	441	417	468	662
당기순이익	321	30	116	487

B 기업의 최근 연간 실적

주요재무정보 (단위: 억 원)	2019.12	2020.12	2021.12	2021.12ᴱ
	IFRS 별도	IFRS 별도	IFRS 별도	IFRS 별도
매출액	968	1,325	2,076	2,820
영업이익	242	306	541	802
당기순이익	214	372	472	687

위 두 개의 기업은 모두 이익 창출이 잘되고 있는 회사이다. 매출액, 영업이익, 당기순이익 모두 늘어나고 있다. 두 기업에 투자해

야 한다면 B 기업에 투자하는 것을 권하고 싶다. 매출 규모가 작긴 하지만 오르락내리락하는 것 없이 꾸준하게 영업이익이 증가하고 있기 때문이다.

부채비율은 적당한가

기본적으로 기업에 부채비율이 100% 이상이라면 어떤 이유로 부채가 많은지 꼭 살펴보아야 한다. 부채를 감당할 수 있는 수준이라면 기업이 성장하는데 원동력이 되겠지만 그렇지 않다면 위험 신호로 인식해야 한다. 부채비율이 꼭 낮아야만 좋은 것은 아니다. 금융업인 은행의 경우 기본적으로 고객이 맡긴 예금을 주식, 채권 등에 투자하거나 대출을 통한 예대마진으로 수익을 만들어내는데, 이 예금은 모두 재무제표 상 부채로 잡히게 된다. 언젠가 돈을 맡긴 사람들에게 돌려주어야 하기 때문이다. 하지만 고객들이 예금을 많이 맡길수록 은행은 더 많은 돈을 운용할 수 있기 때문에 오히려 부채비율이 늘어날수록 앞으로 전망이 더 좋다고 볼 수 있다. 하지만 큰 경제위기가 올 경우 자국화폐의 가치가 하락하거나 인플레이션 등이 발생하면 갑자기 너도나도 예금을 인출하려는 뱅크런 사태가 발생할 수 있다. 결국 이런 상황이 벌어진다면 누군가의 도움 없이 은행에게 남은 것은 파산뿐이다.

또한 건설업이나 중공업 기업들도 부채비율이 높은 편이다. 실제로 차입금이 늘어나는 것이 아니라 앞으로 만든 제품을 공급한다는 계약금 명목으로 선수금을 받았다면 부채비율이 늘어나는 것이 전망이 좋아지겠다고 판단하기도 한다. 계약한 제품을 다 만들어놓았는데 큰 경기 침체가 나타나 고객에 지불할 능력이 없어진다면 곤란한 상황이 발생할 수 있다. 결국 부채비율이 높을수록 좋은 업종일 경우 타업종에 비해 경기변동에 민감한 편이라는 것을 알아두자.

재무제표 중 부채비율 (단위: 원)

	2021년	2020년	2019년
현금 및 현금성 자산	4,830,789,564	23,543,393,472	4,844,229,041
자산총계	290,176,841,145	255,557,859,562	182,038,882,322
자본			
납입자본	58,475,867,227	58,553,639,377	57,325,345,952
이익잉여금 결손금	98,011,539,437	68,954,447,523	68,212,823,474
기타자본구성 요소	(33,731,776,190)	14,885,944,000	788,177,436
자본총계	122,755,630,474	142,394,030,900	126,326,346,862
부채			
비유동부채	123,673,385,307	9,295,554,967	288,033,073
장기매입채무 및 기타비유동 채무	1,410,967,945	12,820,000	12,820,000
장기차입금	120,200,000,000	9,000,000,000	0
이연법인세부채	1,249,638,978	0	0
기타비유동금 융부채	738,504,974	0	0

비유동리스부채	74,273,410	282,734,967	275,183,073
유동부채	43,747,825,364	103,868,273,695	55,424,532,387
매입채무 및 기타유동부채	7,527,083,921	4,961,787,644	6,440,523,227
기타유동부채	6,181,928,573	9,058,448,961	787,514,063
단기차입금	19,000,000,000	31,004,000,000	44,500,000,000

위 기업처럼 현금 및 현금성자산보다 단기차입금이 더 많고 계속 늘어나는 경우 업황이 굉장히 힘들다는 뜻이다. 단기차입금은 1년 내에 갚아야 하는데 이게 쌓이면 결국 유상증자[12], 자본잠식[13], 상장폐지[14]까지 갈 수 있으니 재무제표를 볼 때 꼭 체크해야 한다.

---

12 기업이 새로운 사업에 투자자금이 필요하거나 경영이 어려워져서 운영자금이 필요한 경우 '주식을 신규로 더 발행해서 돈을 받고 팔아 자본금을 늘리는 것'이다. 자본금을 늘리는 것을 '증자'라고 하며 줄이는 것을 '감자'라고 한다.
13 기업이 영업 활동을 통해 순이익을 올리면 자기자본이 쌓인다. 그러나 모든 기업이 순이익을 거두는 것은 아니다. 적자 때문에 기업이 원래 갖고 있던 자기자본이 줄어드는 현상을 자본잠식이라고 한다.
14 상장 유가 증권이 매매 거래 대상으로써 적정성을 결여하게 되었을 때, 거래소에서 일정한 기준에 따라 그 자격을 빼앗는 일이다.

기업의 이익잉여금은 어디에 사용되고 있는가

내가 투자하고 있는 기업이 꾸준하게 이익을 내고 있다면 그 기업의 경영진이 이익잉여금을 어떻게 사용을 하고 있는지 체크해 봐야 한다. 기업 경영진이 주주들과 이익을 공유하는 방법은 보통 사업의 확장^{공장증설,} M&A, 배당금, 자사주매입 또는 소각이 있다. 이를 꾸준히 실천하는 기업은 중장기적으로 투자하기 좋은 기업이라고 판단할 수 있다. 아래는 대표적인 주주환원정책으로 여러 사례가 있다.

＊ 공장증설

　공장증설은 대표적으로 고객의 수요가 많기 때문에 앞으로도 수요가 증가될 것이라 판단하여 기업에서 투자를 진행한다. 신규 시설에 대한 투자는 거대한 자금을 필요로 하기에 기업에서 쉽게 판단할 사항이 아니다. 공장이 증설된다고 해서 무조건적으로 호재로 판단하면 안 되는데, 앞으로도 꾸준히 고객사의 수주를 받는지 현재의 공장이 풀가동이 되고 있는지 그 회사의 사업 방향이 앞으로 성장가능한 것인지 제대로 판단해야 한다.

＊ M&A^{Merger&Acquisition}

　M&A는 기업의 인수와 합병을 뜻한다. 기업확장을 위한 하나의 수단으로 분류될 수 있다. 보통 M&A를 시도하는 기업들은 경영의 효율화, 영업적인 시너지 효과, 재무적인 이득, 성장의 극대화, 시장 지배력 증대 등의 이유가 다양하다. 동업하는 기업이 성장성이 있는 기업과 합병을 한다면 당연히 기존 주주들에게는 호재로 작용할 것이다. 다만, 인수하려는 기업의 사업과 경기 전망을

지나치게 낙관적으로 전망하거나 시너지 효과를 과대평가하게 되다면 고평가 논란이 이어질 수 있으므로 주의해야 한다.

＊ 배당금 확대

배당은 내가 투자한 기업으로부터 당해연도 성과에 대해 투자한 지분만큼의 이익금을 가져가는 개념이다. 기업에서 경영을 잘해 이익이 늘어났을 때 배당을 확대한다면 주주의 입장에서 배당금을 많이 받을수록 선호도가 증가하게 된다. 물론 배당금만 많이 준다고 좋은 것은 아니기 때문에 총 배당금이 순이익에서 어느 정도의 비중을 차지하는지 확인해서 그 기업의 평균적인 배당성향을 확인해 평균치보다 높다면 투자를 고려해도 좋다.

＊ 자사주 매입&소각

자사주 매입이란 말 그대로 회사가 자기 회사의 주식을 주식시장 등에서 사들이는 것이다. 기업에서 자사주를 매입하는 이유는 현재 시장에서 자기 회사 주식가격이 지나치게 저평가됐을 때 경영권을 보호하고 주가를 안정시키기 위함이다. 이렇게 자사주를 매입함으로써 시장에서 유통되고 있는 주식수가 줄어드는 효과를 볼 수 있다. 매입한 주식을 소각하는 경우 본질적인 기업의 가치는 변하지 않지만 주식 수가 줄어들어 1주당 가치가 더 높아지게 된다. 엄밀히 말하자면 주주환원을 위해서는 자사주를 매입한 후에 소각을 하는 것까지 행하고 있는 기업이 투자하기 좋은 기업이라고 볼 수 있다. 예시로 미국은 자사주 매입 후 소각되는 비율이 약 80% 정도라고 하는데 한국은 대부분 소각이 아니라 보유하고 있다가 주가가 올라가면 다시 시장에 내놓는 경우도 있다.

① 계약금액(원)			100,000,000,000		
② 계약기간		시작일	2020년 02월 21일		
		종료일	2023년 02월 20일		
③ 계약목적			주주가치 제고		
④ 계약체결기관			NH투자증권 NH INVESTMENT&SECURITIES., LTD.		
⑤ 계약체결 예정일자			2022년 02월 21일		
⑥ 계약 전 자기주식 보유현황	배당가능범위 내 취득㈜	보통주식	6,439,472	비율(%)	4.81
		기타주식	-	비율(%)	-
	기타취득㈜	보통주식	2,385,670	비율(%)	1.78
		기타주식	-	비율(%)	-
⑦ 이사회결의일결정일			2022년 02월 21일		
* 사외이사참석여부		참석(명)	3		
		불참(명)	0		
* 감사사외이사가 아닌 감사위원참석 여부			-		
⑧ 위탁투자중개업자			NH투자증권 NH INVESTMENT&SECURITIES., LTD.		

⑨ 기타 투자판단에 참고할 사항 본 신탁계약을 통해 취득한 자기주식은 향후 소각 등을 통해 주주가치 제고에 활용할 예정입니다.

위 사례는 주주가치 제고를 위해 자사주를 매입한다는 공시이다. 끊임없이 주주환원정책을 펼치고 있는 기업을 유심히 살펴보면서 투자를 고려해 보자. 반면, 기업의 이익을 지나치게 경영진의 연봉 인상에 사용하거나 가치 대비 비싼 가격에 다른 회사를 인수한다거나 기존 사업과 전혀 무관한 신사업에 투자하는 회사라면 투자를 고민해야 한다.

내가 투자하려는 기업에 대해서 재무제표를 파악함으로써 리스크를 줄일 수 있다는 건 엄청난 플러스 요인이 된다. 하지만 주식시장에는 항상 기업 가치 이외로 인플레이션, 코로나19, 금리인상, 공매도, 정부 정책 등의 변수가 많기 때문에 재무제표가 좋다고 곧 주가상승으로 이어지진 않는다. 주가의 움직임은 늘 오르락내리락하니 내가 투자한 기업이 당장 오르지 않는다고 일희일비하지 말자. 투자 기업 선정 시 나쁜 회사는 걸러낼 수 있는 눈을 길러야 한다.

다트 전자공시시스템 파헤치기

상장기업이라면 의무적으로 전자공시를 통해 기업의 중요한 정보를 공개해야 한다. 금융감독원 전자공시시스템DART에는 기업에 대한 사업보고서, 분기보고서, 반기보고서와 같이 공시내용들이 나와 있다. 투자 기업을 살펴볼 때 가장 먼저 해야할 것은 사업보고서를 읽는 습관이다. 사업보고서는 해당 기업이 직접 만든 자료로 허위로 작성하면 법의 처벌을 받기 때문에 조작하기란 어렵다. 사업보고서에는 기업이 어떤 사업을 하고 있는지, 영업실적은 어떤지, 기업의 지분구조는 어떻게 구성이 되어 있는지, 경영진들에 관한 내용과 기타 여러 정보가 담겨 있다. 사업보고서는 아래와 같이 구성된다.

회사의 개요	기업이 어떤 일을 하고 있고 향후 신규사업 추진 계획이 무엇인지, 어떤 제품을 판매하고 있는지, 납품처는 어디인지, 기업이 어떻게 성장해 왔는지 수출 위주인지 내수 위주인지 경기에 민감한 산업인지 전반적인 내용 등을 알 수 있다. 자본금의 변동사항과 배당에 관한 내용을 관심 있게 살펴보자.
사업의 내용	현재 기업의 사업 현황과 업계 현황, 시장점유율, 생산능력 등을 알 수 있다.

재무에 관한 사항	재무상태표, 손익계산서, 이익잉여금처분계산서, 현금흐름표, 주석을 확인할 수 있으며 기업에 대한 객관적인 실적과 어디에 돈을 쓰고 있는지 확인할 수 있다.
이사의 경영진단 및 분석의견	이사의 경영진단 및 분석의견에서는 당해 연도 기업 결산에 대한 이사의 평가 및 향후 사업 방향, 대응 방안 등을 확인할 수 있다.
감사인의 감사의견 등	기업은 매년 회계감사를 받는데 해당 기업에 문제점이 있다면 부적정하다고 판단하며 지속될 경우 상장폐지까지 될 수 있다.
이사회 등 회사의 기관에 관한 사항	이사회에서 여러 안건에 관한 의결사항 내용이 나온다. 중요하게 볼 필요는 없지만 기업의 이사회에서 신제품이나 신기술, 그리고 기타 수주 등의 호재 내용이 있는지 정도만 살펴보면 된다.
주주에 관한 사항	기업의 주주를 확인할 수 있다. 대표적으로 최대주주와 특수관계인은 실명이 거론되며 소액주주는 한꺼번에 표시된다.
임원 및 직원 등에 관한 사항	임원의 경력, 출신 등이 나와 있으며 정치인이 어느 기업의 임원과 친분이 있거나 같은 지역이라면 기업의 주가가 상승하기도 하기 때문에 정치 테마주 투자를 할 때 확인한다.
계열회사 등에 관한 사항	현재 기업의 계열회사에 얼마나 투자를 하고 있는지 확인할 수 있다.
이해관계자의 거래내용	기업의 관계회사와의 거래와 특수관계자 거래 주석사항을 살펴볼 수 있는데, 혹 이해관계자인 기업이 악재가 많다면 주의해야 한다.
기타 필요한 사항	그 밖의 기타사항이다.

회사의 개요

---

1. 주요사업의 내용

당사의 매출은 A 제조를 비롯한 B 부품 제조, C 부품 제조 등으로 구성되어 있습니다. 많은 과정을 통해 삼성전자로 출하되고 있습니다.

회사의 개요 중 [주요사업의 내용]을 보면 이 기업이 어떤 일을 하는지 보여준다. 이 기업은 A 제조와 B, C 부품을 만드는 회사라고 볼 수 있다. 또한 삼성전자로 출하되고 있다는 것으로 보아 삼성전자의 고객사이다.

2. 회사의 연혁

2011.2	S 아카데미 은상 수상
2011.5	A 소재 및 공정기술 이전 체결
2012.7	계열회사 B 추가
2013.4	한국을 대표하는 1000대 기업 5년 연속 선정
2014.11	삼성전자 협력사 C 부문 최우수상 수상
2017.3	글로벌 강소기업 대상 선정
2019.9	해외 D 법인 설립

[회사의 연혁]으로 기업이 어떻게 성장했는지 알 수 있다. 개요에서 알 수 있었던 삼성전자의 주요 협력사임을 명백하게 보여준다.

3. 자본금 변동사항

가. 증자감자현황

(기준일: 2022년 OO월 OO일)

주식발행^{감소}일자	발행^{감소}형태				
2022.OO.OO	무상증자				

발행^{감소}한 주식의 내용					
주식의 종류	수량	주당액면가액	주당발행^{감소}가액	비고
보통주	10,000,000	500	-	무상증자

※ 당사는 2000년 보통주 10,000,000주로 상장하였으며, 상기 무상증자가 완료됨으로써 현재 총 발행주식수는 20,000,000주, 1주당 액면가액 500원, 자본금은 100억 원입니다.

나. 전환사채 발행현황

　　※해당 사항 없음

다. 신주인수권부사채 등 발행현황

　　※해당 사항 없음

라. 전환형 조건부자본증권 등 발행현황

　　※해당 사항 없음

　　[자본금 변동사항]에서는 기업의 자본금이 어떻게 변동되었는지 알 수 있다. 자본금의 변동 사유로 증자와 감자^{유상, 무상}, 신주인수권부사채, 전환사채, 합병 등이 있다. 증자란 기업이 자본금을 늘리는 것인데 증자 방식으로는 유상증자와 무상증자로 나눌 수 있다. 유상증자는 새로운 주식을 발행할 때 새로운 투자자에게 돈을 받고 파는 형태이고, 무상증자는 기존의 주주에게 공짜로 나눠주는 방식이다. 돈을 받고 파는 것이 아니기 때문에 자기자본의 총액 변화는 없지만 보통 무상증자를 한다는 건 호재로 인식하는 편이다.

4. 주식의 총수 등

주식의 총수 현황

(기준일: 2022년 OO월 OO일)

구분	주식의 종류		비고
	보통주	합계	
Ⅰ. 발행한 주식의 총수	30,000,000	30,000,000	-
Ⅱ. 현재까지 발행한 주식의 총수	20,000,000	20,000,000	-
Ⅲ. 현재까지 감소한 주식의 총수	-	-	-
1. 감자	-	-	-
2. 이익소각	-	-	-
3. 상환주식의 상환	-	-	-
4. 기타	-	-	-
Ⅳ. 발행주식의 총수(Ⅱ-Ⅲ)	20,000,000	20,000,000	-
Ⅴ. 자기주식수	200,000	200,000	
Ⅵ. 유통주식수(Ⅳ-Ⅴ)	19,800,000	19,800,000	-

[주식의 총수 현황]에서는 기업 주식의 총 물량을 알 수 있다. 위 기업은 30,000,000주를 발행할 수 있도록 되어 있는데 현재 20,000,000주를 발행했다. 자기주식수는 기업이 가지고 있는 주식 수량이며 유통주식수는 시장에서 거래 가능한 주식 수량이다.

5. 의결권 현황

당사가 발행한 보통주식수는 20,000,000주이며, 정관상 발행할 주식
총수의 66%에 해당됩니다. 의결권 행사 가능 주식수는 자식주식수를
제외한 19,800,000주입니다.

(기준일: 2022년 OO월 OO일)

구분	주식의 종류	주식수	비고
발행주식총수(A)	보통주	20,000,000	-
	우선주	-	-
의결권없는 주식수(B)	보통주	200,000	-
	우선주	-	-
정관에 의하여 의결권 행사가 배제된 주식수(C)	보통주	-	-
	우선주	-	-
기타 법률에 의하여 의결권 행사가 제한된 주식수(D)	보통주	-	-
	우선주	-	-
의결권 부활된 주식 수(E)	보통주	-	-
	의선주	-	-
의결권을 행사할 수 있는 주식수(F=A-B-C-D+E)	보통주	19,800,000	-
	우선주	-	-

의결권이란 주주가 자신의 의사표시를 통해 주주총회의 공동의
의사결정에 지분적으로 참가할 수 있는 권리를 말한다. 의결권은 주
주의 가장 중요한 공익권이며, 보유권의 일종으로서 정관의 규정으
로도 이를 박탈하거나 제한할 수 없고, 주주도 이를 포기하지 못한다.
의결권이 얼마나 있는지 알기 위해서는 발행한 주식수량에서 자기수
량을 제외한 물량이라고 보면 된다.

6. 배당에 관한 사항 등

당사는 정관에 의거 이사회 결의 및 주주총회 결의를 통하여 매년 중간배당과 기말 배당을 실시하고 있습니다. 당사는 휴대폰 시장 경쟁 심화, 성장률 저하 등으로 인하여 어려운 경영환경 속에서도 최선의 실적을 얻을 수 있도록 노력하고 있습니다. 연간 발생 이익 및 과거 유보 이익은 미래의 성장을 위한 동력을 확보하는데 최우선적으로 사용할 예정이며, 또한 미래의 성장과 이익의 주주환원을 균형 있게 고려하여 배당을 실시할 계획입니다.

2021년(제 76기)은 중간배당 주당 50원, 기말배당 주당 150원으로 연간 배당은 주당 200원, 배당총액 40억 원이 지급되었습니다.

2022년(제 77기)은 중간배당 주당 50원, 기말배당 주당 200원으로 연간 배당은 주당 250원, 배당총액 50억 원이 지급되었습니다.

(단위: 회, %)

연속 배당 횟수		평균 배당 수익률	
분기(중간)배당	결산배당	최근 3년간	최근 5년간
18	19	1.54	1.67

※ 당사는 상장 이후 2002년부터 2020년 현재까지 총 19회의 연속 기말배당을 실시하고 있습니다.
※ 당사는 상장 이후 2003년부터 2020년 현재까지 총 18회의 연속 중간배당을 시시하고 있습니다.
※ 최근 5년간 연간 배당수익률 현황은 아래와 같습니다.
2020년 0.93%, 2019년 1.96%, 2018년 1.74%, 2017년 1.90%, 2016년 1.82%

기업과 동행하면서 이익을 나눠 갖는 방법에는 시세차익도 있지만 배당도 있다. 배당이란 기업이 벌어들인 이익을 주주들에게 나눠주는 것을 뜻한다. 투자자들이 중요하게 생각하는 부분이기도 하다. 배당을 꾸준히 하는 기업은 주주친화적인 기업이라고 판단한다. 선진국 대비 우리나라는 한참 못 미치지만 기업들이 점차 배당 규모를 늘리고 있는 추세다. 또한 배당주는 저금리 시대에 투자자들이 조금이라도 높은 수익을 위해 찾는다. 기업의 성장과 더불어 안정적인 배당을 받을 수 있는 기업이라면 더할나위 없이 좋다. [배당에 관한 사항 등]을 보면 위 기업은 매년 중간배당과 기말배당 연 2회의 배당을 지급하고 있다는 것을 알 수 있다. 또한 상장 이후 배당수익률이 높진 않지만 꾸준하게 배당을 지급하고 있는 회사이다.

7. 정관에 관한 사항

정관 변경 이력

정관변경일	해당주총명	주요변경사항	변경이유
2022년 OO월 OO일	제 77회 정기주주총회	주식 등 전자등록 업무 조항 신설 외부감사인 선임 조항 변경	주식·사채 등의 전자등록에 관한 법률의 제정에 따른 정비

정관이란 기업의 설립절차 가운데 핵심사항 중 하나로 회사의 설립, 조직, 업무 활동 등에 관한 기본규칙을 정한 문서이다. [정관에 관한 사항]을 보면 법이 바뀔 때 회사에 적용되는 변경사항 등을 알 수 있다.

사업의 내용

사업의 내용에는 현재 기업이 어떤 사업을 진행하고 있는지 주요 제품은 뭐가 있는지 세부적으로 확인이 가능하다. 제일 처음 [회사의 개요] 부분에서 A 제조와 B, C 부품 항목에서 주로 부품을 만드는 회사라고 파악했지만 제일 밑의 유통 및 서비스 부분을 보면 부동산 임대사업과 신재생에너지업 또한 영위하고 있다는 사실을 알게 된다.

1. 사업의 개요

(1) 사업부문별 현황

당사는 본사를 거점으로 한국, 중국, 미국 등에 위치한 5개의 종속회사로 구성되어 있습니다.

사업군별로 보면 A, B, C 부품, 유통 및 서비스로 구성되어 있습니다.

사업부문	주요제품
A 제조	휴대폰 부품
B 부품	자동차 내장재 부품
C 부품	가전제품 외장재
유통 및 서비스	부동산 임대업, 신재생에너지업

(2) 시장점유율

전체 수요량 대비 당사 납품량에 대한 정보가 부재해 정확하게 계산할 수 없습니다.

(3) 시장의 특성

시장 조사기관에 따르면 글로벌 스마트폰 출하대수를 ○○으로 추정하고 있습니다. 코로나19의 영향으로 줄어든 매출은 2021년 일정 부분 회복하였으며 앞으로 스마트폰 시장의 수요가 지속적으로 증가할 것으로 예상하고 있습니다.

　　또한 업계 현황과 시장점유율등을 확인할 수 있는데 스마트폰 수요가 증가하면 당연히 삼성전자의 협력사이니 이 기업의 매출 또한 올라갈 것이라고 예상해 볼 수 있다.

- ㈜△△은 신재생에너지업을 영위하는 법인으로서 17년 3월에 유상증자 참여를 통하여 지분 취득 및 연결종속 법인으로 편입되면서 향후 풍력 발전 관련 사업을 진행할 예정입니다.
- ㈜△△부동산은 부동산임대업을 영위하는 법인으로 18년 9월 ○○부지를 매입한 바 있으며 현재 ○○이 필요한 법인에게 임대사업을 진행 중에 있습니다.

　　새롭게 확장된 사업인 신재생에너지업과 부동산임대업에 관한 내용도 확인할 수 있다.

4. 주요 원재료 등의 현황

(1) 주요 원재료

당사는 ○○케미칼 등을 통해 제품생산에 필요한 원재료를 구매하고 있으며 주요 원재료 등의 가격 변동은 제품가격에 반영이 되고 있습니다. 그러므로 주요 원재료의 구매가격 변동은 당사의 재무상태, 경영성과에 중대한 영향을 미치고 있지 않습니다.

사업부분	매입유형	품목	구체적용도	매입액	비율	비고
A 부품	원재료	B	원료	80,000	40%	○○케미칼 외
	부재료	C	제품조립	100,000	50%	-
	상품	D	수출	20,000	10%	-
	합계	-	-	200,000	100.0%	-

[주요 원재료 등의 현황]에서 주요 원재료를 어디서 구매하는지 확인이 가능하다. 예를 들어 제품생산에 필요한 원재료를 구매하는 ○○케미칼 공장에 불이 났다라고 가정을 하면 원재료 수급에 차질이 생길 수 있다는 것을 염두해 두자.

5. 생산 및 설비에 관한 사항

(1) 생산능력 및 생산능력의 산출 근거

생산능력은 가동시간/평균시간으로 산출되며 가동시간은 라인수×12개월×월근무일수23일×1일 작업 시간 8시간의 방법으로 산출하고 있습니다.

(2) 생산실적 및 가동률

가. 생산실적

당사의 생산실적은 다음과 같으며, 당해 사업연도 생산품의 99% 이상을 당해 사업연도에 납품하고 있습니다.

사업부문	제3기	제2기	제1기
A 부품	70,000	100,000	90,000

나. 가동률

당사는 3교대로 작업을 실시하고 있으며, 2021년 4분기 누적 가동일은 300일입니다.

[생산 및 설비에 관한 사항]에는 기업의 생산능력과 공장 가동률을 알 수 있으며, 가동률이 높다는 것은 그만큼 회사가 잘 돌아간다라는 뜻으로 해석할 수 있다. 하지만 사업보고서에 있는 가동률만 봐서는 안 되는데 앞으로의 수주를 받지 못한다면 가동률은 줄어들 수 있으니 업계의 전망을 파악해야 한다.

항목 하단에 내려가면 그 밖의 기타사항이 있는데 기업의 특허 보유현황을 확인할 수 있다. 간혹 A 기업과 B 기업이 기술 특허 소송 싸움을 벌이기도 하는데 어떤 기술로 인한 문제인지 확인할 수 있다.

---

10. 그 밖의 투자의사결정에 필요한 사항

(1) 지적재산권 보유 현황

당사는 영위하는 사업과 관련하여 아래의 특허권을 보유하고 있으며, 각 지적재산권의 상세내용은 다음과 같습니다.

권리	상태	출원번호	명칭	취득일	등록번호
특허	등록	12-1000	휴대폰단말기의 내장형 안테나 제조방법	2010.1.7	21-1000
특허	등록	12-2000	열처리를 통한 가전제품부품 제조방법	2013.2.5	21-2000
특허	등록	12-3000	휴대폰 케이스의 방수기능	2015.4.7	21-3000
특허	등록	12-4000	특수 재료를 이용한 표면처리방법	2017.8.20	21-4000

재무에 관한 사항

재무제표 현황을 보면 온통 숫자로 가득해 어렵게 느껴질 수 있겠지만 '재무제표로 좋은 기업 찾아내기' 파트에서 재무제표에 관한 공부

를 했다. 기업이 돈을 잘 벌고 있는지, 부채비율은 적당한지, 이익잉여금은 제대로 사용하고 있는지 파악을 하면 되지만 조금 더 자세하게 들여다보기로 한다. 재무상태표에서는 기업의 재무 건전성을 확인할 수 있다.

자산은 기업이 가지고 있는 재산으로 1년 이내 현금화할 수 있으면 유동자산, 그렇지 않으면 고정자산이라고 분류한다. 자산의 형태는 현금, 주식, 부동산 등 여러 가지로 나뉘어 지는데 고정자산의 비중이 크다면 현금이 필요할 때 바로 대응할 수 없다. 그래서 유동자산의 비율이 높은지 확인을 해야 한다.

부채 또한 1년을 기준으로 1년 내 갚아야 하면 유동부채, 아니라면 고정부채로 구분한다. 단기에 갚아야 하는 자금이 많다면 이 기업이 현재 돈을 잘 벌고 있더라도 최종적으로 순이익의 증가를 확인하기 어려울 수 있다. 단기차입금을 잘 살펴보자. 결국 자본 대비 부채가 낮은 기업에 투자하는 것이 안전하니 부채가 너무 많다면 어디에 사용이 되고 있는지 꼭 확인해야 한다. 자본은 주주가 투자하고 있는 금액인 자본금과 기업의 사업 성과인 이익잉여금, 증자나 감자로 인해 발생한 자본잉여금으로 구분하는데 당연히 회사의 자본이 늘어난다는 것은 좋은 의미로 해석할 수 있다.

손익계산서는 일정 기간 동안 기업의 경영성과가 숫자로 나타난 표이다. 사실 기업이 돈을 잘 벌고 있는지 보여주기 때문에 매출액, 영업이익, 당기순이익이 지속적으로 늘어나고 있는지 확인을 해야 한다. 여기서 매출액이 꾸준히 상승하고 있더라도 영업이익이 줄어들었다면 매출액에서 재료비나 인건비 등이 더 많이 지출되었다고 예상할 수 있다. 또한 당기순이익은 여러 비용들을 차감하고 세금까지 납부한 후 최종적으로 기업에게 남은 순이익인데 간혹가다 당기순이익만 보면 안 되냐는 질문을 받은 적이 있었다. 제품을 잘 팔아서 매출액과 영업이익이 늘었어도 세금을 많이 납부했다면 당기순이익이 감소할 수도 있기 때문에 결과적으로 매출액, 영업이익, 당기순이익 모두 확인을 해보자.

현금흐름표에서는 기업의 현금이 어디에 쓰이며 어디에서 들어왔는지 확인할 수 있다. 영업활동현금흐름과 투자활동현금흐름과 재무활동현금흐름으로 나뉜다. 영업활동으로 인해 현금이 들어오면 +로 표시가 되고, 투자를 많이 한다면 현금의 유출이 많이 되므로 -로 표시가 된다. 그래서 투자활동현금흐름이 -라면 긍정적으로 볼 수 있다. 재무활동현금흐름은 기업이 대출과 상환을 한 항목이 나와있는데, 돈을 빌리면 현금이 유입되므로 +로 표시되고, 갚으면 현금이 유출되므로 -로 표시가 된다.

1. 요약 재무 정보

(1) 요약 연결재무제표

- 본 요약 연결재무정보는 당사의 연결재무제표를 바탕으로 작성하였습니다.
- 제 3기, 2기, 1기의 재무정보는 감사받은 재무정보입니다.

과목	제3기	제2기	제1기
유동자산	2,500,000,000	2,000,000,000	1,900,000,000
비유동자산	500,000,000	450,000,000	400,000,000
자산총계	3,000,000,000	2,450,000,000	2,300,000,000
유동부채	1,000,000,000	950,000,000	900,000,000
* 단기차입금	300,000,000	400,000,000	500,000,000
비유동부채	500,000,000	500,000,000	500,000,000
부채총계	1,500,000,000	1,450,000,000	1,400,000,000
자본금	500,000,000	500,000,000	500,000,000
자본잉여금	300,000,000	300,000,000	300,000,000
이익잉여금	700,000,000	200,000,000	100,000,000
자본총계	1,500,000,000	1,000,000,000	900,000,000
매출액	3,000,000,000	2,500,000,000	2,000,000,000
영업이익	2,500,000,000	2,000,000,000	1,500,000,000
당기순이익	2,000,000,000	1,500,000,000	1,000,000,000

*는 위의 항목에 종속되어 있는 표시입니다. (단위: 원)

[요약 재무 정보]에서 해당 기업의 현재 자산은 늘어나고 있고, 부채는 전년대비 증가했지만 전전년 수준과 비슷하다. 자본 또한 지속적으로 늘어나고 있는 것을 확인할 수 있다. 유동자산이 비유동자

산에 비해 높고, 유동부채가 더 높긴 하지만 단기차입금이 지속적으로 줄어들고 있는 것으로 보아 부채를 잘 갚고 있다고 예상할 수 있다. 또한 자본금과 자본잉여금은 그대로지만 이익잉여금이 늘어나고 있다는 것을 확인할 수 있다. 회사는 증자나 감자 등의 활동은 없었다는 것을 알 수 있다.

매출액과 영업이익, 그리고 당기순이익을 보면 전년 대비 증가한 것을 확인할 수 있다. 만약 투자하고 싶다면 실적이 오르락내리락하는 것보다 꾸준하게 증가하는 기업이 더 좋은 기업이라고 판단할 수 있다.

연결 흐름표

제 3기 2021.1.1.부터 2021.12.31.까지
제 2기 2020.1.1.부터 2020.12.31.까지
제 1기 2019.1.1.부터 2019.12.31.까지

(단위: 원)

	제 3기	제 2기	제 1기
영업활동 현금흐름	100,000,000	80,000,000	70,000,000
투자활동 현금흐름	150,000,000	130,000,000	100,000,000
재무활동 현금흐름	50,000,000	50,000,000	30,000,000

[연결 흐름표]를 확인하면 현재 이 기업의 영업활동 현금흐름은 +인 것으로 보아 현금 유입이 잘 되고 있고 투자는 지속적으로 하고 있으며 대출 또한 열심히 갚고 있다고 예상해 볼 수 있다.

Ⅶ. 주주에 관한 사항

최대주주 및 특수관계인의 주식소유 현황

(기준일: 2021년 12월 31일)(단위: 주, %)

| 성명 | 관계 | 주식의 종류 | 소유주식수 및 지분율 | | | | 비고 |
| | | | 기초 | | 기말 | | |
			주식수	지분율	주식수	지분율	
홍길동	본인	보통주	3,000,000	15%	3,000,000	15%	-
홍당무	친인척	보통주	2,000,000	10%	2,000,000	10%	-
홍익인간	특수관계인	보통주	800,000	4%	800,000	4%	-
A 법인	특수관계인	보통주	700,000	3.5%	1,400,000	7%	-
B 법인	특수관계인	보통주	500,000	2.5%	500,000	2.5%	-
계		보통주	7,000,000	35%	7,700,000	38.5%	-
		우선주	0	0	0	0	-
		기타	0	0	0	0	-

해당 기업에 대한 여러 가지 정보들이 있지만 현재 이 기업의 주주가 어떻게 구성이 되었는지 확인할 수 있다. 해당 기업이 돈을 많이 벌고 있는데 다른 기업이 투자를 하고 있다면 그 기업 또한 수익을 얻고 있다라는 것을 파악할 수 있다.

최대주주 현황을 보면 상장기업에 투자하고 있지는 않지만 예를 들어, A 법인은 B 법인의 지분을 가지고 있는데, B 법인이 영업과 투자활동 등으로 어마어마한 돈을 벌었다고 가정을 하면 B 법인의 지분을 가진 A 법인 또한 부각을 받아 주가 상승으로 이어지곤 한다. 그렇기 때문에 현재 최대주주가 누구인지도 잘 살펴봐야 한다.

또한 A 법인이 기초와 기말의 지분이 변동한 것으로 보아 A 법인은 이 기업에 더 많이 투자하고 있다는 것을 알 수 있다. 기업에 투자하려는 이유는 이 기업에 대한 성장성이 있기 때문이지 않을까. 왜 대주주가 더 기업의 지분을 보유를 하려 했는지를 찾아본다면 또 하나의 공부가 될 수 있다.

VIII. 임원 및 직원 등에 관한 사항

1. 임원 및 직원 등의 현황

임원현황

(기준일: 2021년 12월 31일)

성명	성별	출생년월	직위	등기임원 여부	상근 여부	담당업무	주요경력
홍길동	남	1950.1.1	회장	등기임원	상근	경영총괄	S 대학교 경영학과 졸업 ㈜A 기업 대표이사 B 회사 동사장
홍당무	남	1958.5.7	대표이사 (사장)	등기임원	상근	경영총괄	해외 D 대학교 경영학과 졸업 S 사 리더십센터
홍익인간	여	1960.9.9	부사장	등기임원	상근	생산총괄	K 대학교 전기공학과 졸업 ㈜C 기업 근무

이 부분은 정치테마주 투자를 할 때 유심히 살펴봐야 하는데 보통 정치테마주는 인맥주와 정책주가 있다. 대통령 후보가 해당 기업의 임직원과 친분이 있거나 고향이 같거나 같은 학군일 때 기업의 실적과 무관하게 주가가 상승하는 경우가 많다. 그렇기 때문에 정치테마주에 관심있는 투자자라면 임직원에 관한 사항을 잘 살펴보자.

이렇게 기업의 사업보고서를 살펴보면서 기업을 분석해 봤다면 다양한 공시사항들이 종종 발표가 된다. 분기마다 발표되는 실적, 최대 주주 변동사항, 임원의 선임 또는 해임, 증자나 감자, 주주총회 일정, 배당 현황 등 해당 기업이 투자자들에게 알려야 할 중요사항들을 공시를 통해 발표를 하기 때문에 확인하는 습관을 가져야 한다.

전문가가 쓴
투자 리포트 읽기

어떤 기업의 주식을 사고 싶은데 그 기업에 대해서 자세히는 모른다면 증권사 애널리스트가 쓴 리포트를 참고할 수 있다. 증권사 리포트의 경우 기업의 사업 업황과 기업이 속한 산업의 전반적인 내용뿐만 아니라 바쁜 현대인을 대신해서 기업 분석부터 최근 이슈까지 설명한다.

연말이나 연초마다 각 증권사에서는 다음 해 경제전망이나 투자 전략 보고서를 제시한다. 내년의 경제와 업종이 어떻게 흘러나갈지 우선적으로 파악을 할 수 있다. 업종 중에서도 어떤 종목을 주목할지 장기투자 리포트를 참고해 방향성을 읽어보자. 또한 시장의 이슈를 정리하는 월간 리포트를 통해 앞으로 한 달 간의 시장의 이슈를 파악할 수 있다. 특정 업황을 분석해 주는 산업분석, 특정 종목에 대한 기업분석 리포트 등을 확인할 수 있다.

증권사 리포트를 읽을 땐 주의할 점이 있다. 증권사 애널리스트가 쓰는 리포트는 보통 긍정적으로 나와 있다. 기업이나 산업 평가가 좋다고 무조건 투자하는 게 아니라 내가 조사한 기업에 대한 정보 중 혹시 다른 것이 있는지, 각 증권사별로 의견이 다르기 때문에 증권사 별로 어떻게 바라보고 있는지도 살펴보면서 읽어야 한다. 또한 증권사는 리포트를 통해 고객에게 정보를 제공하는 입장이지만 동시에 개미투자자들과 대립하는 기관투자자이기도 하기 때문이다.

증권사 리포트를 모아서 한 번에 보고 싶다면 '한경컨센서스'를 이용하자. 이때 주의할 점은 한경컨센서스에서 대부분의 증권사 리포트를 볼 수 있지만 메리츠, KB증권, 미래에셋 등은 개별 사이트에서 확인해야 한다.

KB증권은 계좌 보유고객에게만 리서치 홈페이지인 'KB리서치'에서 리포트를 볼 수 있고, 또 NH투자증권도 계좌 보유고객에게 제공을 하는데 환경·사회·지배구조ESG나 해외 채권, 미국 리츠 등 다른 증권사에서 다루지 않는 내용은 자사 홈페이지에서만 전문을 볼 수 있다. 네이버금융을 이용하여 리포트를 읽을 수도 있다. 네이버 메인 화면에서 '증권'을 클릭해 '리서치'로 들어가면 시황정보, 기업분석, 산업분석 등의 카테고리가 있다. 그곳에서도 여러 증권사의 리포트들을 확인할 수 있으니 참고하길 바란다.

그럼 증권사 리포트를 이용해 어떤 내용을 확인할 수 있을까? 가장 먼저 보이는 건 '목표주가'다. 증권사는 종목마다 목표주가를 제시하고 현재 주가가 목표주가보다 저렴하면 매수BUY 의견, 고평가가 되어 있다면 매도SELL 의견을 제시하고 어중간하다면 보류HOLDING 의견을 제시한다. 그리고 다양한 재무제표 상의 정보를 제공하고 있다. 하지만 재무제표 정보는 전자공시시스템을 통해서도 확인 가능하다. 중요한 것은 시장의 투자 정보를 꼭 확인해야 한다.

주식시장에서는 절대적인 실적이 아니라 컨센서스[15] 대비 실적

---

15   금융 전문가들이 기업에 대한 실적, 주가에 대한 예측 수치를 나타낸 종합 보고서이다.

이 좋냐 나쁘냐에 따라 주가의 등락이 결정되곤 한다. 컨센서스는 예상 전망치로 좋은 실적일지라도 증권사들이 예상한 컨센서스보다 낮다면 이는 악재로 판단해 주가가 떨어지기도 한다. 또 호재가 나오더라도 이미 컨센서스가 이루어진 호재는 이미 선반영되어 있는 경우에는 주가가 오히려 떨어지기도 한다. 따라서 증권사 리포트의 컨센서스를 확인하고 실적이 어떤 수준인지를 파악해야 한다.

증권사 리포트를 볼 때 대부분의 증권사가 대형주는 리포트를 꾸준하게 발행하지만 시장에서 소외된 중소형주 같은 경우에는 지속적으로 발행하진 않는다. 중소형주에 대한 리포트 중 신규로 긍정적인 리포트가 나오거나 간혹 부정적인 이슈가 있던 기업에 대한 긍정적인 리포트가 나온다면 관심을 두고 살펴봐야 한다.

나는 이걸로 돈을 불린다 ①
공모주 투자

주식투자가 어렵다면 '공모주 투자'부터

우리나라 주식시장은 매일 아침 9시부터 오후 3시 20분까지 정규장이 열리는데 상장된 기업들의 주가는 늘 요동치곤 한다. 갑작스러운 악재 때문에 하한가로 가는 종목이 있는가 하면 반대로 호재로 상한가로 가는 종목도 있다. 이런 변동성이 커서 주식투자가 어렵게 느껴진다면 적어도 공모주 투자를 필두로 주식시장에 발을 들이자.

2020년 SK바이오팜을 대두로 대형 우량기업이 줄줄이 상장하면서 동학개미에게 짭짤한 수익을 가져다주었다. 예·적금밖에 몰랐던 이들까지 가세해 대한민국에는 공모주 열풍이 불기 시작했다. 당시 공모주 투자를 위해 예·적금을 해지하거나 예금담보대출이 급격하게 늘어났다. 증권사 영업시간 전부터 계좌개설을 위해 몇 시간씩 기다리기도 했다. 증권사의 수익이 최고로 늘어나기 시작한 순간일지도 모른다. 사람들은 도대체 왜 그토록 공모주에 열광을 했는가.

은행에 금리 2%인 1,000만 원짜리 정기예금을 1년 가입하면 만기에 세금15.4%을 제외하고 169,200원의 이자를 받는다. SK바이오

팜을 예로 들면 1,000만 원의 증거금을 납입하면 약 1.3주를 배정받았는데 1주를 배정받았다고 가정하면 공모가격은 49,000원이었고, 49,000원을 제외한 나머지 금액은 영업일 기준 3일 뒤에 환불이 되었다. 상장 첫날 소위 말하는 따상^{공모가의 2배에 하루 가격제한폭 30%까지 상승하}는 것에 도달해 주가는 127,000원에 마감했다. 주당 78,000원의 차익을 얻은 셈이다. 수익률을 따지면 130%다. 은행은 가입 시 정해놓은 기간이 지나야 이자를 얻지만 공모주 투자는 시간을 절약하면서 소액으로 일반 주식투자에 비해 안전하게 수익을 거머쥘 수 있다.

공모주가 무엇인지 알기 전에 '공모'와 '사모'의 개념부터 이해해야 한다. 공모란 50명 이상의 불특정 다수에게 주식과 같은 유가증권을 신규로 발행 또는 매각하는 것이다. 반대의 뜻을 가진 사모는 50명 미만의 특정한 개인이나 회사 등을 대상으로 주식을 발행하거나 매각하는 것을 말한다.

기업 설립 후 어느 정도 규모가 커지면 또 다른 성장을 위해 자금이 필요하다. 애초에 자본금이 많은 기업이라면 자금 조달이 필요 없겠지만 대부분의 주식회사는 자본조달을 위해 시장에 상장해 투자자들에게 조달받은 자금으로 기업의 덩치를 키워나간다.

공모주 청약은 기업공개^{IPO}를 통해 증권 시장에 상장되는 경우, 일반인으로부터 청약을 받아 주식을 배정하는 것이다. 부동산으로 비교하자면 아파트 분양권을 얻기 위해 '청약홈'에서 청약을 하는 것처럼 주식도 같은 맥락이다. 주택청약의 장점은 아파트를 주변의 시세보다 저렴하게 매입을 할 수 있다라는 건데 추후 아파트가 완공이 되면 어느 정도 주변의 시세와 비슷한 가치가 형성된다. 분양 당시보다 어느 정도 프리미엄^P이 붙는다. 공모주 청약에서도 그 기업의 현재 가치보다 저렴한 공모가로 모집을 한 기업이라면 당연히 상장 후의 차익을 기대할 수 있다.

공모주 투자는 부동산 투자와 다르게 소액으로 비교적 안전하게 수익을 낼 수 있다. 그렇다고 모든 공모주들이 항상 높은 수익을 가져다주는 것은 아니다. 희대의 환불 사건이 일어난 빅히트엔터테인먼트현재 하이브, 이하 빅히트는 상장 첫날 주가가 따상까지 갔다가 계속 하락하는 모습을 보이기도 하면서 개미투자자들의 울분을 지어냈다.

손해 보지 않는 공모주 투자를 하려면 기업을 잘 선택해야 하는데 결론부터 말하자면 경쟁률이 높고, 희망 공모가가 상단이거나 스스로 공모가를 낮춘 경우, 시장에 유통되는 주식 수가 적고, 기관의 의무보유확약 비율이 높은 공모주에 투자한다면 절대 실패하지 않을 것이다.

공모주 투자 〈기초 편〉

매월 공모주 일정을 파악하는 습관을 들이자. 공모주 일정은 한국거래소kind.krx.co.kr와 38커뮤니케이션www.38.co.kr과 같은 사이트에서 확인할 수 있다. 공모주 청약 일정을 확인했다면 공모주 청약을 주관하는 주관사의 증권계좌를 개설해야 한다. 우량한 기업일수록 공모주 청약 주관사가 다수일 가능성이 큰데, 각 증권사에 청약 가능한 공모주를 나눠서 배분하기 때문에 하나의 증권사 계좌만 갖고 있다면 배정받을 공모주 수량도 적어질 수밖에 없다. 물량을 배정받은 증권사에 청약을 하기 위해서 최대한 많은 증권사의 계좌를 갖고 있을수록 유리한 구조다.

계좌 개설까지 완료했다면 이제 어떤 기업에 공모청약을 해야 할지 옥석을 가릴 시간이다. 여기서 '증권신고서'와 '투자설명서'를 확인할 필요가 있다. 증권신고서는 공모주 청약을 실시하기 전 금융당국으로부터 심사를 받기 위해 준비하는 서류이고, 투자설명서는 공모주 청약을 투자자들에게 권유하기 위해 만든 서류다. 두 서류의 내용은 거의 비슷하니 하나만 봐도 충분하다. 전자공시시스템에서 확인이 가능하다.

우리가 주식투자를 하기 전엔 해당 기업에 대한 철저한 기업분석이 필요한데 공모주 청약은 특별한 기업분석이 필요치 않고 기업의 수요예측 결과에 따른 조건만 부합하다면 손해 보지 않는다. 증권신고서와 투자설명서에는 기업의 수요예측 결과가 나와 있다. 여기서 반드시 네 가지만 확인하자.

* 경쟁률

대부분 개인은 일반 투자자이고 국민연금과 같은 기관은 기관 투자자이다. 기업에서 상장을 위해 공모청약을 진행하기로 했다면 당연히 일반 투자자보다 상대적으로 돈이 많은 기관 투자자에게 배정을 많이 한다. 당연히 기관의 관심을 끌어야 하니 그들의 수요예측을 진행한다. 당연히 공모청약에 참여하려는 수요가 높을수록 즉, 경쟁률이 높을수록 성공할 확률이 높아진다. 단, 경쟁률이 치열하다면 받을 수 있는 공모주 수량은 적어질 수밖에 없다.

* 최종 공모가격

기업의 공모가격 산정을 위해 희망 가격의 범위를 지정하는데 기관이 높은 가격에 공모주를 배정받기를 원한다면 최종 공모가는 희망밴드[16]의 상단으로 결정이 되곤 한다. 그만큼 기업의 성장성을 높이 평가한다는 의미니 비싼 가격이라도 가지고 싶은 것이다. 또한 그 기업의 현재 가치가 어떻게 평가되느냐에 따라 시장에서 고평가 논란이 이루어진다면 해당 기업은 스스로 공모가격을 낮추기도 한다. 결국 최종 결정되는 공모가격이 높을수록 성공할 확률이 높아진다.

＊ 기관의 의무보유확약비율

'의무보유확약'이란 상장하는 기업의 공모주를 배정받는 기관들이 일정기간 주식을 보유하고 있어야 하는 일종의 약속이다. 보통 의무보유확약기간은 15일에서 6개월 사이로 나누어진다. 해당 기업이 상장 후 많은 물량을 보유한 기관투자자가 한꺼번에 시장에서 내다 판다면 그 주식의 가격은 하락할 가능성이 높다. 그렇기 때문에 의무보유확약을 한 비율이 얼마나 되는지 확인해야 한다. 기관의 의무보유확약비율이 높을수록 기관에서 바라보는 해당 기업의 주가가 앞으로 오를 것이라고 전망하는 의미로 볼 수 있다.

＊ 유통가능물량

상장 이후 대거 나올 유통가능물량도 주시해야 한다. 기업이 공모주 청약을 진행한다면 처음 해당 기업에서 발행하는 주식 수

---

16 상장하려는 기업이 증권사와 협의해 기업가치를 분석한 후 적정 공모가를 산정하는데, 여기서 증권사가 최대와 최소 할인율을 적용해 공모액의 최상단과 최하단을 정한다.

저축 / 투자 / 은퇴 / 보장

를 정하게 된다. 그중에서도 처음 시장에 상장되어 거래 가능한 총 물량을 뜻한다. 대주주, 특수관계자들의 지분과 기관투자자들의 의무보유확약 건수에 따라 유통물량이 정해진다. 유통가능물량이 적다면 상장 첫날 차익을 위해 투자한 투자자들에겐 호재로 작용한다. 물량을 많이 보유하고 있는 기관투자자나 주요 주주들이 한꺼번에 팔아버린다면 주가는 금세 하락하고 말기 때문이다. 이는 즉, 기관의 의무보유확약비율이 높을수록 시장에 풀리는 유통주식 수는 하락하게 된다. 유통가능물량은 적을수록 좋다.

성공하는 공모주 투자 방법을 요약하자면,

❶ 경쟁률 1 : 1,000 이상
❷ 공모가격 희망밴드 상단
❸ 의무보유확약비율 30% 이상
❹ 유통가능물량 30% 이하

위 네 가지의 조건에 모두 부합하지 않더라도 최소 세 가지가 부합하다면 관심을 가져볼 수 있다. 대어급 기업의 공모청약에만 참여하는 것이 아닌 중소형 기업에도 적용이 된다.

공모주 투자 〈심화 편〉

공모주 투자는 청약이 아닌 간접적으로 투자할 수 있는 방법도 있다. 대표적으로 인기가 있는 기업의 공모청약이 예정되어 있다면 경쟁률이 높아 많은 물량을 배정받을 수 없다. 그럼 공모주에 간접투자해서 수익을 낼 수 있는 방법은 없을까?

결론부터 말하자면 시장에서 가치를 높게 평가받고 있는 기업의 공모주가 있다면 그 기업의 지분을 가진 주식회사에 투자를 하는 방법으로 수익을 얻을 수 있다. 단, 대어 공모주가 아니더라도 이 회사에 투자할 가치가 있는지 판단을 하고, 장기간 오래 모아갈 목적으로 매집해야 한다. 우선 기업이 주식시장에 상장을 하기 위해서는 여러 절차가 있다. 이는 아래와 같다.

해당 절차에 맞춰서 기업공개 추진 결정 공시 때부터 천천히 매집을 한다. 모든 절차가 진행되는 동안 기업의 주가는 오르기도 내리기도 하는데 결과론적으로 현재는 하이브로 바뀐 빅히트엔터테인먼

트를 예로 들겠다. 빅히트 공모 청약을 위해 1억 원의 증거금을 넣은 투자자는 약 2주를 배정받았다. 그런데 빅히트의 지분을 보유하고 있는 기업에 투자를 했다면 정말 많은 돈을 벌 수 있었다.

2020년 1월 BTS 소속 빅히트의 상장추진 기사가 돌기 시작하면서 기업공개 추진 결정을 공시했다. 또한 2020년 2월에는 NH투자증권, 한국투자증권, JP모간이 대표 주관사로 낙점을 받았고 미래에셋대우는 공동 주관사로 선정됐다. 2020년 5월, 하반기 IPO[17] 시장의 대어로 꼽히는 빅히트가 상장예비심사 청구를 진행했고, 드디어 2020년 8월 빅히트가 상장예비심사를 통과하고 본격적인 공모에 나선다고 발표했다. 9월 유가증권상장을 위해 증권신고서를 제출했다. 빅히트의 기관의 수요예측 날짜는 9월 24~25일이었는데 첫날부터 대박 분위기였다. 마지막으로 10월 15일, 2020년 IPO 시장의 마지막 대어인 빅히트가 최종적으로 상장이 되었다.

그럼 이 절차동안 빅히트의 지분을 보유한 기업들의 주가는 어떻게 됐는지 궁금하지 않은가? 우선 빅히트 지분 보유 기업을 어떻게 찾는지 알아봐야 하는데 전자공시시스템에 들어가 '하이브'를 검색해 보자.

---

17   Initial Public Offering 기업의 주식 및 경영 내용을 공시하는 것이다.

(1) 주요 주주현황

① 보통주

주주명	당기말	
	보통주식수(주)	지분율(%)
방시혁	803,502	45.1
넷마블 주식회사	445,882	25.1
스틱스페셜시츄에이션사모투자 합자회사	216,430	12.2
메인스톤 유한회사	155,187	8.7
이스톤 제1호 사무투자 합자회사	48,761	2.7
· · ·	· · ·	· · ·

　　검색 후 '사업보고서'를 들어가 '주요 주주현황'을 살펴보면 빅히트의 대주주 방시혁과 넷마블 주식회사, 스틱스페셜시츄에이션사모투자 합자회사, 그리고 아래로 주요 주주 현황들이 나온다. 여기서 주식시장에 상장이 되어 있는 기업은 넷마블과 스틱인베스트먼트라는 두 개의 기업이다. 스틱인베스트먼트라는 기업을 먼저 살펴보면, 원래는 기업이름이 '디피씨'였지만 현재 스틱인베스트먼트와 합병을 했다. 2020년 1월 빅히트 상장설이 돌던 당시 주가는 고작 3~4천 원대를 오가다가 8월 예비심사가 승인이 된 후 2만 원 이상까지 올랐다가 상장일이 다가오면서 점점 하락했다.

　　또한 넷마블을 보면 상장설이 돈 1월부터는 별다른 주가의 움직임을 보이지는 않았지만 6월말쯤부터 반응을 하기 시작한다. 약 9만 원대에 머물러있던 주식이 9월 7일자로 20만 원 이상 상승했다. 결과만 보면 스틱인베스트먼트는 약 6~7배 올랐고 넷마블은 2배 조금 넘게 올랐다.

　카카오뱅크 상장설이 돌던 시기부터 상장 전까지 카카오뱅크의 지분을 보유한 기업의 주가도 훨훨 날았다. 인기 있는 공모주 청약이 있다면 상장설이 돌 때부터 지분 보유 기업을 찾아 진득하게 투자하는 방법도 있다. 하지만 지분을 가지고 있는 회사라고 해서 무조건 투자하는 것은 지양해야 한다. 투자 중에 예상치 못한 악재로 주가가 하락했을 때를 대비해야 한다. 공모주 청약을 하는 회사와 지분이 있는 회사 모두 악재를 버틸 수 있는지 판단하고 투자해야 한다는 것을 명심하자.

나는 이걸로 돈을 불린다 ②
ETF와 해외 주식

ETF란 무엇일까

불과 3년 전만 해도 'ETF가 무엇인가요?'라고 묻는 이들이 많았다. 우선 ETF^{Exchange traded fund}를 알기 앞서 펀드의 개념을 알아야 한다. 일반적으로 주식은 개별 기업에 투자를 하는 것으로, 펀드는 내가 사고 싶은 기업들을 담은 바구니라고 생각하면 이해하기 쉽다. 펀드는 불특정한 다수의 자본금을 투자 받아서 전문 기관이나 전문가에게 운용되는 상품이다.

삼성그룹에 투자를 하고 싶은데 삼성전자, 삼성전기, 삼성물산 등 많은 삼성그룹 주 중에서 어떤 종목을 선택하기 어려울 때 이 기업들 모두를 포괄할 수 있는 '삼성그룹주'에 투자하는 것을 펀드라고 한다. 단, 펀드는 주식시장에서 자유롭게 사고팔 수 없고 환매 때문에 펀드를 매수해 매도하기까지 시간이 걸린다.

이러한 단점을 해결하기 위해 펀드를 주식처럼 거래하도록 주식시장에 상장시킨 것을 ETF, '상장지수펀드'다. 주식처럼 쉽게 사고팔 수 있고, 1만 원 내외의 소액 투자가 가능하며 주식보다 변동성이 낮아 리스크가 상대적으로 적다. 주식, 채권, 금, 은, 오일, 탄소배출권 등 다양한 상품이 있다. 또한 우리가 주식을 사고팔 때 증권사에 일정 수수료를 내야하지만 국내 ETF 상품은 매매 비용 또한 저렴하다.

ETF 상품의 이름을 보면 대게 종목 앞에 KODEX, TIGER, KINDEX 등이 붙어 있는데, 이는 ETF 상품의 운용사가 어디인지 나타낸다. KODEX는 삼성자산운용, TIGER는 미래에셋자산운용, KINDEX는 한국투자신탁운용이다. 그럼 이 운용사 뒤에는 상품의 성격을 알 수 있는 명칭이 붙는다. 대표적인 명칭으로는 인버스, 레버리지 등이 있다. 인버스는 기초자산과 반대 방향으로 이익을 취하는 상품으로 지수가 1% 하락하면 1% 수익을 거둘 수 있는 상품이다. 시장이 하락할 것이라 예상이 된다면 인버스 ETF에 투자하기도 한다. 또한 레버리지는 2배로 움직이는 것을 뜻하는데 지수가 1% 상승 또는 하락하면 2%의 수익 또는 손실을 얻을 수 있다. 시장이 상승할 것이라 예상한다면 레버리지 ETF에 투자하는 것이 더 현명하다.

좋은 ETF를 고르기 위해서는 거래량이 많은 상품으로 골라야 한다. 투자자들의 관심이 곧 거래량을 의미하는 것이므로 거래가 많지 않으면 원하는 가격에 수량만큼 사거나 팔 수 없다. 그래서 각 운용사별로 거래가 가장 많은 ETF에 투자하는 것이 현명하다. ETF는 주식, 연금저축, ISA[18], IRP[19] 계좌에서 거래를 할 수 있기 때문에 최대한 다양하게 투자를 해야 한다. 단기 투자를 원한다면 주식계좌로, 또 장기투자를 원한다면 ISA 계좌를 이용하면서 세금적인 혜택을 최대한

18　개인의 자산을 종합적으로 관리해 재산형성을 지원하는 절세 계좌로 다양한 금융자산을 하나의 계좌에서 운용할 수 있는 만능 통장이다.
19　은행과 증권사에서 가입이 가능한 퇴직연금 계좌로 개인형퇴직연금계좌이다.

활용할 수도 있다. 또한 연금저축과 IRP 등을 통해 연말정산에서 세액공제 혜택을 받을 수도 있다.

다양한 ETF 상품들

ETF 상품 앞에 KODEX, TIGER, KINDEX 등 운용사가 다양한데 미래에셋자산운용의 TIGER로 예시를 들겠다. 상품명을 보면 어느 산업에 투자를 하는지 알 수 있기 때문에 해당 ETF의 구성 종목들이 무엇인지 살펴보자.

국내 투자형	해외 투자형	기타
* TIGER TOP 10	* 글로벌리튬&2차전지	* 부동산인프라고배당
* TIGER 200 IT	* SOLACTIVE(합성)	* KIS부동산인프라채권
* TIGER Fn반도체 TOP10	* 글로벌자율주행&	TR
* TIGER 2차전지테마	전기차	* 미국MSCI리츠
* TIGER 퓨처모빌리티액티브	* SOLACTIVE	(합성H)
* TIGER Fn메타버스	글로벌메타버스	* 미국달러단기채권
* TIGER KRX BBIG	액티브	액티브
K-뉴딜	* 미국테크TOP10 IN-	* 단기채권액티브
* TIGER KRX 2차전지	DXX	* 국채3년
K-뉴딜	* 미국 S&P500	* 경기방어채권혼합
* TIGER KRX 바이오	* 미국 나스닥100	
K-뉴딜		
* TIGER KRX 인터넷		
K-뉴딜		
* TIGER KRX 게임 K-뉴딜		

해외 주식도 어렵지 않아요

대한민국 주식시장에는 변동성이 엄청나다. 지난 코스피와 코스닥 지수 대비해 미국의 S&P 500 지수[20]와 나스닥 지수를 비교해 봤을 때 미국 지수들은 견고하게 상승하고 있다. 국내 증시의 변동성에 지친 투자자들이 떠나기도 하는데 그에 반해 미국의 주식시장에는 전 세계의 자금이 몰린다.

미국 주식에 투자해야 하는 이유로는 첫 번째 기축통화를 보유한 나라이기 때문이다. 달러는 기축통화로 금융위기가 오더라도 달러 발권력을 이용해 경기를 극복할 수 있는 힘을 가졌다. 대표적인 안전 자산 중 하나이다. 지난 몇십여 년간 세계적으로 무역과 금융시장에 중대한 역할을 해왔다. 비트코인이 떠오르면서 달러의 위상 약화에 대한 의구심이 흘러나오기도 하지만 현재 러시아와 우크라이나 사태로 인해 비트코인 가격은 하락세를 면치 못하고 그에 반해 달러의 가치는 높아지고 있는 것으로 보아 기축통화국의 힘을 무시할 수 없다.

또한 각 나라별로 통화정책을 펼치는 중앙은행이 있는데 미국에는 연준이라는 강력한 중앙은행을 보유하고 있다. 연준은 2008년 금융위기 이후 양적완화 정책[21]을 통해 대규모 유동성을 공급하며 미국 경기를 부양시켰다. 2020년 코로나19 팬데믹 때도 마찬가지다. 연준은 기준금리를 대폭 인하하며 제로 금리를 도입했고 무제한 양적완

---

20 국제 신용평가기관인 스탠더드앤푸어스(S&P)가 작성하는 주가지수로 미국에서 가장 많이 활용되는 대표적인 지수이다.

21 금리 인하를 통한 경기 부양 효과가 한계에 봉착했을 때, 중앙은행이 국채 매입 등을 통해 유동성을 시중에 직접 공급함으로써 신용경색을 해소하고 경기를 부양시키는 통화 정책을 말한다.

화를 실행하면서 금융시장을 빠른 속도로 진정시켰다. 이러한 과감하고 막대한 통화정책은 유럽중앙은행과 일본은행 등 다른 선진국 중앙은행들조차도 수행하기 힘든 일이다.

주주 친화적인 기업들이 많다. 주주 친화적 정책은 기업이 주주들에게 배당을 지급하거나 자사주를 매입하는 정책을 말한다. 미국은 다른 어떤 국가보다 강력하게 배당 지급과 자사주 매입이라는 주주환원 정책을 시행하고 있다. 미국은 적게는 5년에서 많게는 50년 이상 꾸준히 배당을 늘려온 기업이 많다. 글로벌 어느 국가보다도 압도적으로 높다.

미국의 또 다른 강점은 세계 소비시장 1위 국가라는 점이다. 미국 GDP에서 소비가 차지하는 비중은 약 70%에 달한다. 소비가 전체 성장을 견인하는 것이다. 이는 금융위기 이후 가계 부채 건전화 작업이 꾸준히 진행되고, 저금리로 구매력이 증가했으며, 온라인 플랫폼 생태계의 발전이 소비를 촉진했기 때문이다. 거대한 소비시장이자 막대한 부의 보유는 저성장 시대에 미국이 상대적으로 안정적인 성장을 유지하는 핵심 근간이다.

나는 이걸로 돈을 불린다 ③
ISA 계좌 활용법

ISA^{Individual Saving Account}는 개인종합자산관리계좌를 말한다. 풀어서 말하면 개인의 자산을 종합적으로 관리해 재산형성을 지원하는 절세 계좌로 다양한 금융자산을 하나의 계좌에서 운용할 수 있는 만능 통장이라고도 한다. 예·적금, 펀드, 상장지수펀드^{ETF}, 국내 주식 등 다양한 금융상품에 투자할 수 있다. 단, 해외 주식은 거래가 불가하다.

2016년에 출시된 ISA 계좌는 출시 당시에는 인기가 없었는데 2021년부터 인기 상품으로 갑자기 떠올랐다. 그 이유를 살펴보면 된다. 2022년까지 예금 이자는 이자 소득, 펀드로 인한 수익은 배당소득으로 분류가 되는데 이자소득과 배당소득에 대해서는 연간 2,000만 원을 기준으로 세금이 부과되는 반면 소액주주 상장주식에 대한 매매 손익은 비과세 대상이었다. 하지만 2023년부터는 주식투자를 통한 매매 손익에 대해서 세금을 부과하는 방안을 검토 중이다. 국내 상장주식, 국내주식형 펀드, 국내주식형 ETF 소득 등 금융투자소득으로 기본공제 5,000만 원을 한도로 적용하기로 했다. 이 말은 즉, 현재 국내 주식 매매차익에 대해서는 비과세가 적용되고 있는데, 2023년부터는 1년에 주식투자로 인한 양도소득이 5,000만 원이 넘어가면 앞으로 그 금액에 대해 세금을 부과하는 것이다.

ISA 계좌의 특징은 만 19세 이상이면 1인 1계좌로 누구나 가입이 가능하고, 3년의 의무 계약기간을 가지고 있다. 3년 이내 해지를 하게 되면 비과세 혜택을 받을 수 없다. 또한 연 2,000만 원의 납입한도가 있고, 일반형이라면 연 수익 200만 원까지 비과세 혜택을 받을 수 있다. 연 수익 200만 원 초과분에 대해서는 9.9%의 분리과세가 이루어진다. 손익은 통산이 가능하다.

이해를 돕기 위해 예를 들자면, ISA계좌에서 국내주식 투자로 200만 원의 손실을 냈고, 다른 금융상품을 통해 500만 원의 수익을 얻었다면 최종 순소득은 300만 원이 된다. 이 경우 ISA 계좌는 연 수익 200만 원까지는 비과세이기 때문에 세금을 내지 않아도 되고 나머지 100만 원에 대해서는 9.9%의 세금을 부과한다.

한 가지 팁을 주자면 연간 5,000만 원까지는 일반 계좌로 운용해 주식 매매차익에 대해 비과세 혜택을 받고, 그 이상의 자금은 ISA 계좌로 운용하여 연 수익 200만 원까지 비과세 혜택을 받는다면 금상첨화이다. 또한 ISA 계좌는 장기적으로 접근하여 나의 노후 대비 자산으로 운용한다면 더할 나위 없이 좋을 것이다.

그렇다면 ISA 계좌에서는 어떤 금융상품에 투자를 하는 것이 유리할까? ISA 계좌의 가장 큰 장점이 절세인 만큼 ISA 계좌에서 운용하는 것이 일반계좌에서 운용하는 것보다 더 이익인지 확인을 해보아야 한다. 일반계좌와 비교했을 때 더 유리한 것은 배당금과 분배금을 주는 상품을 생각해 볼 수 있다. 바로 고배당주와 ETF다. 언급한 두 가지 모두 일반계좌 운용 시 더 많은 세금을 부과하기 때문에 ISA 계좌에서 운용하는 것이 더 유리하다.

배당주에 관심이 많은 사람이라면, 일반 계좌에서 운용하는 것보다 ISA 계좌에서 운용하는 것이 더 유리할 수 있다. 배당주 투자의 장점은 배당금과 시세차익이다. 하지만 기업에서 배당을 지급할 경우, 배당금액에 대해 15.4%의 세금을 부과 후 나머지 차액만 지급된다. 이왕이면 돈도 잘 벌고 안정적으로 배당금을 주는 기업에 투자하는 것이 좋다.

　　또한 개별 주식투자가 어렵다면 ETF로 눈을 돌려도 된다. ETF 중에도 고배당을 지급해 주는 상품들이 있다. ETF의 배당금은 분배금이라고 하는데 이 또한 지급될 경우 15.4%의 세금이 부과되는데 ISA 계좌로 투자를 하면 배당금도 받고, 절세도 되어 일석이조다.

3장

은퇴

삶의 종착지, 은퇴

2018년, 대한민국은 전체 인구의 14% 이상이 65세 이상 노인 인구인 고령사회에 진입했다. 다가오는 2025년 대한민국은 전 세계에서 가장 빠른 속도로 고령사회에서 초고령사회까지 진입 7년 초고령사회 진입을 앞두고 있다. 현재의 고령화 속도로는 2060년도에 인구의 43.9%가 65세 이상 노인 인구가 될 것으로 전망된다. 즉, 인구의 절반이 노인인 시대는 멀지 않은 이야기가 됐다. 통계청에 따르면 2019년 기준 한국인의 평균수명은 83.3세이다. 그러나 영유아 사망률이 다른 나이에 비해 높은 것을 고려한다면 대부분 평균수명보다 오래 생존한다.

원시적인 수확농, 수산업과 생산광업, 공업업이 주요 산업이었던 과거에는 노동력을 바탕으로 세대에 구분 없이 소득을 벌어들이는 것이 가능했지만, 과학 기술의 발달로 정보화 시대에 살아가고 있는 현대에는 소득을 발생시키기 위한 취업의 조건으로 높은 학력과 스펙이 요구되고 있다. 거기에 더해 사람의 일을 AI인공지능가 대신하고, 경제 둔화기에 들어선 대한민국에서 일자리 전쟁은 심화될 수밖에 없을 것으로 전망된다. 즉, 정년 구분 없이 생산 활동을 할 수 있었던 과거와 달리 현재는 명확한 정년의 구분이 자리 잡고 있으며, 그 정년의 기간 또한 계속해서 단축되고 있다. 소득을 벌어들이는 기간보다 은퇴 이후 무소득 기간이 더 길어지고 있는 것이다. 이제 은퇴 준비는 긴 여명을 남겨둔 우리에게 가장 우선시해야 하는 필수 재무목표가 됐다.

누군가에게 인생의 최종 꿈을 무엇인지 물어본다면, 대부분은 '꿈이 이루어지는 시점'을 은퇴시점으로 염두에 두고 답변한다. 그것은 우리가 무의식 중에 진정한 자아실현의 시점을 은퇴 시기로 보고 있다는 것으로 이해할 수 있다. 즉, 은퇴는 나를 위한 진정한 삶이 펼쳐지는 시기이다. 대학 입시를 목표로 12년간의 학업 과정을 마쳐내는 학생들처럼 '은퇴'는 우리 인생의 결과물이 도출되는 삶의 종착지가 된다. 대한민국에서는 국민연금제도를 의무화하여 국민의 기초연금재원 마련을 돕고 있으며 근로소득자는 기업의 퇴직연금을 통해 퇴직 시 퇴직소득을 보장받고 있다. 여기에 국가는 국가가 거주와 지급을 보증하는 주택연금, 세제 혜택을 주는 개인연금 등 다양한 연금 상품을 마련하여 개인이 선택적으로 본인의 은퇴를 준비할 수 있도록 독려하고 있다. 기대 수명이 증가함에 따라, 은퇴 이후의 연금소득을 단기간에 준비하는 것은 현실적으로 쉽지 않은 일이기 때문에 은퇴는 반드시 소득이 발생하는 시점부터 생에 전반에 걸쳐 사전에 준비되어야 한다. 또한 입구전략[22]뿐만 아니라, 대한민국의 경제 중심축이었던 베이비붐 세대가 대거 은퇴를 하는 시대가 도래하며 출구전략[23]도 중요한 문제가 되었다. 앞으로 '은퇴'는 현대를 살아가는 우리 삶에 가장 큰 이벤트로 자리매김하게 될 것이다.

---

22 은퇴자산을 모아나가는 것이다.
23 소득 기간 내 모은 은퇴자산을 적정하게 배분하여 은퇴 이후의 연금소득으로 배분하는 것이다.

은퇴 준비가 필요한 이유

당장 현실을 살기 바빴던 우리네 삶에 은퇴 준비는 본래 먼 미래의 이야기처럼 사치와 같이 여겨졌으나 근래 들어 대한민국에 '은퇴 설계' 붐이 일어나기 시작했다. 대한민국의 경제성장 중심축인 베이비붐세대1955~1963년가 대거 은퇴하는 시기가 도래하며 우리는 은퇴를 좀 더 가까이에서 마주하게 된 것이다. 따라서, 은퇴 준비에 대한 필요성을 더 강하게 느끼게 되었고 은퇴 준비는 여유 있는 사람들만 할 수 있다던 인식에서 누구나 필수로 준비해 나가야 하는 재무목표로 자리매김하고 있다. '재무설계의 최종 목적지'는 은퇴 설계라고 생각한다. 우리 삶의 최종 결과는 결국 지금을 어떻게 준비하는지에 따라 달려 있다. 아직 은퇴가 한참 남은 세대라면 내 인생의 '아름다운 결말'을 준비할 시간이 남았다는 희망이기도 하다. 그리고 바로 그 희망을 미래에 현실로 만들 수 있는 매개가 '은퇴 설계'이다. 그렇다면, 은퇴 설계가 필수일 수밖에 없는 사회적 배경에 대해서도 알아보자.

인구 구조의 변화

통계청 자료에 의하면 2060년에는 대한민국 노인인구가 전체 인구의 약 절반인 42%를 차지하고, 합계출산율은 0.9명으로 지속해서 줄어들 것이라 전망했다. 베이비붐 세대의 대량 은퇴와 기대 수명 연장에 따라, 생산가능인구는 급감하고 고령인구는 증가하고 있다. 즉, 저출산과 고령화가 맞물리면서 역피라미드의 인구구조가 형성되고 있다. 따라서 연금보험료를 부담하는 납입자에 비해 연금을 수급하는 고령인구가 상대적으로 증가함에 따라 사회보장제도인 공적연금의 재정 부담은 커질 수밖에 없다. 실제로 국민연금은 40년 가입 기준으로 1998년 말까지는 소득대체율 70%가 가능했지만 점진적으로 낮추어 2028년 이후 소득대체율은 40%가 되도록 연금액 셈법을 적용하고 있다. 즉, 변화하는 인구구조로 인해 미래의 공적연금은 현재보다 불리하게 적용될 것으로 전망된다. 특히 우리나라는 다른 선진국에 비해 고령화 진행 속도는 가파른 반면, 노후 준비 및 은퇴 설계에 대한 인식 수준이 낮아 은퇴 준비에 대한 필요가 절실하다.

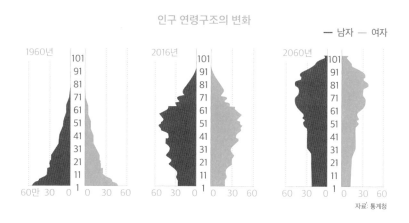

인구 연령구조의 변화

— 남자 — 여자

자료: 통계청

산업 구조의 변화

노동력이 곧 취업과 생산의 중심이었던 과거와는 달리 과학 기술의 발달로 산업이 고도화되면서 기업은 높은 학력과 경력을 지닌 소수의 인력을 요구하고 있다. 또한, 본격적인 인공지능 시대가 도래하면서 사람이 하는 일의 일부를 로봇과 기계가 대체하고 있으며 2019년 세상을 뒤흔든 코로나19는 비대면 서비스를 강화시키는 촉매제의 역할을 했다.

기대 수명의 연장이라는 과학적 성과와 달리 조기은퇴에 따른 노인빈곤문제는 사회적으로 더 크게 부각되고 있다. 취업 이후부터 은퇴 이전까지의 소득이 발생하는 시기보다 은퇴 이후 기대 수명까지의 시기가 늘어나고 있는 것이다. 이렇게 되면, 현실적으로 소득이 발생하는 동안 은퇴 이후를 준비하는 것이 어려워진다. 즉, 은퇴 이후 자발적인 자아실현이 아닌 생계를 위해 제2의 직업을 찾아 나서는 노인이 증가할 수밖에 없고, 인생의 말미에 절박한 노후를 맞이하게 될 수밖에 없다. '젊어서 고생은 사서 하는 것'이 아닌 '늙어서 고생은 사서 하는 것'이 만연한 상황이 될 수도 있다.

또한, 공적연금은 자금고갈을 막고자 더 내고 덜 받는 불리한 구조로 개혁될 가능성이 높으며, 그렇게 되면 은퇴이후 국민연금을 수령하는 시기까지 장기간 소득공백이 발생할 수 있다. 결국 소득기간을 늘리거나, 소득기간내 은퇴 준비를 재무설계의 최대 초점으로 맞출 수밖에 없는 이유가 된다.

경제 환경의 변화

장기적인 관점에서 대한민국의 금리 그래프를 살펴본다면, 경제성장이 둔화됨에 따라 대한민국의 금리는 머지않아 제로금리[24]에 수렴할 것으로 전망된다. 또한 빠른 고령화 시대의 전개는 저금리 기조를 더욱더 견고하게 하고 있다. 노동력을 제공하여 소득이 발생하고, 소비생활을 활발하게 하는 젊은이들보다 소득이 없고 소비생활이 활발하지 않은 비생산적인 노인 인구가 증가한다면 경제가 둔화되는 것은 당연한 이치이다. 여기에 꾸준하게 상승하는 물가는 장기적으로 화폐가치를 대폭 하락시키고 있다. 이렇듯 저금리 기조가 지속됨에 따라 가장 오랜 기간 준비되고, 가장 오랜 뒤의 재무목표인 은퇴자산을 시중금리에 연동해 준비하는 것은 어리석은 일이 되었다. 즉, 예·적금금리만으로는 자산을 증식시킬 수 없을 뿐만 아니라 화폐가치의 감소로 미래의 실질 구매력을 떨어뜨리는 상황이 된 것이다. 따라서, 은퇴 준비는 미래에 은퇴자산으로 가치가 충분히 반영될 수 있도록 준비해야 하며, 물가상승률 이상의 목표수익률을 추구하는 것에 기반 되어야 한다.

그러나 대한민국은 전 세계에서 가장 빠른 속도로 고령화가 진행되고 있음에도 불구하고 은퇴 준비율이 매우 낮은 상황이다. 근본적인 이유로는 은퇴 준비에 대한 경각심을 지니지 못한 것에서부터 시작된다. 2030세대의 경우 은퇴를 현재와 너무 먼 위치에 자리한 영역으로 생각하는 경우가 있고, 4050세대의 경우 국민연금, 퇴직연금

24　기존 금리를 사실상 0%에 가깝게 유도하는 금리 정책이다.

등의 재원으로 충분한 은퇴자금이 형성될 수 있을 거라 오인하는 경향이 있다. 또 현실적으로, 대출금을 상환하기에 빠듯한 삶을 보내고 자녀를 부양하는 책임을 다하지 못하고 정작 본인을 위한 은퇴를 준비할 여력이 뒷받침되지 않은 경우가 많다. 또한 대부분 은퇴 후에는 내가 지금보다는 경제적 상황이 좋아질 것이라고 생각한다. 하지만 현재 대한민국은 OECD 국가 노인빈곤율 1위를 기록했다. 이는 분명한 착각임을 인지해야 한다. 앞서 기술했듯, 과거와 현재는 많은 부분이 변화하고 있다. 갈수록 공적연금은 불리해지고^{납입자<수급자} 은퇴는 빨라지고 있다. 여기에 핵가족화로 효 중심의 사회는 무너지고 건강에 대한 관심고조와^{웰빙} 과학^{의학}기술의 발달로 기대 수명이 점차 증가하면서 은퇴 후 소득이 부재하는 시기가 길어지고 은퇴 이전 노후를 준비하기에 시간과 재원은 턱없이 부족해졌다. 다른말로, '은퇴만' 준비하기에도 모자랄 만큼 은퇴 준비의 필요성은 높아졌다. 즉 은퇴설계는 성공적인 삶의 종착점을 위하여 재무설계에 있어서 가장 중요한 영역이 되었다.

그렇다면 우리에겐 은퇴준비를 더 이상 미룰 시간이 없다. 철저한 지출통제를 통해 지금의 나보다, 미래의 나를 위한 준비를 지금 바로 시작해야 하며, '나중에'라는 말은 반드시 피해야 할 것이다. '지금도 여유가 없다'는 핑계를 댄다면 '나의 미래는 없다'고 말하는 것과 동일하다. 철저한 지출 통제를 통해서라도 지금 할 수 있는 여력 내 시간을 쌓아 준비해 나가야 한다. 아울러 뒤늦게서야 양육부담, 대출부담과 더불어 가파른 은퇴를 준비하고 싶지 않다면 은퇴는 소득이 발생하는 그 시점부터^{사회초년생} 바로 준비되어야 할 것이다.

국가가 보장하는 국민연금

대한민국은 과거의 여러 세제 개편이나 제도 개편을 통해 복잡한 과도기를 겪었지만 지금은 선진국형 3층 연금 제도가 자리 잡혔다. 3층 연금의 1층 보장은 국가가 기초 생활을 보장하는 국민연금, 공무원연금, 군인연금 등이 해당되며, 2층 보장은 기업이 근로자의 안정적인 생활을 보장하기 위해 적립하는 퇴직연금, 마지막으로 3층 연금은 개인이 여유 있는 생활을 위해 준비하는 개인연금이다.

1층은 가장 기초적인 사회보장 제도인 '국민연금'이다. 소득이 있는 개인이라면 누구나 가입의 의무가 있으며 가입기간 동안 연금공단에서 납입한 연금보험료를 운용하여 가입자의 연금 수령시기에 매달 연금으로 돌려주는 구조로 연금보험료는 근로자와 사업자가 50:50 비율로 부담하여 9%$^{사용자\ 4.5\%+근로자\ 4.5\%}$를 내고, 개인사업자 또는 지역가입자는 본인이 9% 전부를 매달 납부한다. 국민연금은 만 18세 이상 만 60세 미만의 국민이 가입 대상이며, 최소 120회^{10년}를 채웠을 때 연금으로 지급받을 수 있다. 또 국내에 거주하고 있는 외국인도 가입할 수 있다.

저출산, 고령화 문제가 대두되며 2057년 공적연금의 자금 고갈이 예견되면서 국민연금공단에 대한 우려의 목소리가 높아지고 있다.

노후 보장의 **3층 연금 피라미드**

3층 보장
개인연금

여유 있는 생활(개인보장)
* 여유 있는 개인이 자유롭게 선택하여 가입
* 금융기관에서 운영

2층 보장
퇴직연금

안정적인 생활(기업보장)
* 근로소득이 있는 경우 가입
* 회사 도는 근로자가 자산 운영

1층 보장
국민연금

기초생활보장(국가보장)
* 소득이 있는 경우 의무적으로 가입
* 국가에서 운영

저축 / 투자 / 은퇴 / 보장

국민연금

많은 사람이 "과연 국민연금을 지급받을 수 있을까?" 하며 국민연금 지급에 대한 의문을 품는다. 하지만 역사상 단 한 번도 국가가 국민을 상대로 국민연금을 지급 중단한 사례는 없다. 사실상 국가는 국민의 연금 지급을 보장하고 있고 국민연금의 가입이 법적으로 의무화되어 있으며, 사업자의 경우 지역가입자로 신청하여 의무적으로 납입해야 한다. 또 소득이 없는 경우에는 본인의 선택에 따라 임의가입자로 가입여부를 선택할 수 있다. 그럼에도 공적연금에 대한 불신은 커져만 간다. 이는 '저출산, 고령화 문제가 대두되며 연금 수령자들의 부양이 가능한가?'라는 근본적인 문제 지적에 시작되었다. 그러나 국민연금의 자금고갈 가능성에 대한 문제를 국민연금 미지급 가능성의 연장선으로 해석하지는 않아도 된다. 다만 수급자에게 국민연금을 정상적으로 지급하기 위해서는 다음과 같이 개편될 가능성이 크다.

첫 번째는 국민연금의 세율을 인상하는 방안이다. 두 번째는 납입기간을 늘리는 것이고, 세 번째는 수령 나이를 늦추는 방안이다. 국민연금 개편을 앞두고 현재 국민연금의 납입기간을 기존 60세에서 65세 즉, 더 내고 덜 받는 구조로 가입자에게 불리하게 변경될 가능성이 커졌다. 우리나라보다 고령화가 먼저 시작된 일본의 경우 현행 제도는 연금 수급 연령을 원칙적으로 65세로 하고 있으나 공적연금을 받는 나이는 75세로 늦추는 방안을 검토 중이다. 바로 여기에서 공적연금에 대한 문제가 발생한다. 은퇴 이후 공적연금을 수령하기까지 소득공백의 기간이 길어질 수 있는 '소득 크레바스절벽[25]' 문제이다. 은퇴 이후에도 공적연금을 계속 납입해야 하는 상황이 발생할 수 있다.

그럼에도 우린 국민연금을 반드시 납입해야 한다. 가장 기초생활보장인 국민연금마저 준비되지 않는다면 미래를 준비하지 않고 현재만 살아가는 것과 다름없다. 우리가 불신을 갖는 국민연금도 장점이 있다. 수급자가 연금의 운용 수익에 대한 부담을 가지지 않아도 국민연금공단에서 자금을 운용하며 운용 수익률과 관계없이 매년 소비자물가상승률을 반영하여 연금을 가산 지급한다는 것이다. 특히 50대 이상이라면 국민연금 미가입자의 경우 우선적으로 가입하는 것이 절대적으로 유리하며, 추후납부제도나 임의계속가입제도를 활용하는 것도 가능하다. 소득이 없는 개인 또는, 사업자의 경우 국민연금과 개인연금 중 한 가지를 선택하라고 한다면 반드시 국민연금이 우선 시 되어야 할 것이다. 또 연금수급개시 연령을 5년 한도로 늦추거나연기연금제도 5년 한도로 더 빨리 수령할 수도 있다조기노령연금.

공무원연금

공무원에게 1층 기초연금에 속하는 '공무원연금'은 국가공무원법 및 지방공무원법에 의한 공무원이 가입대상으로 기준소득월액의 9%공무원 부담+보수예산의 9%연금 부담=18%가 연금 재원으로 적립된다. 공

25   은퇴 후 국민연금을 받을 때까지 소득이 없는 기간을 말한다.

무원이라고 하면 꿈의 직업으로 잘 알려져 있다. '공무원은 철밥통'이라는 표현도 있는데, 그 이유는 바로 정년이 보장되며 공무원연금수령액이 많기 때문이다. 그러나 수치로 보니 공무원연금은 국민연금의 2배를 연금재원으로 적립하며, 가입 기간 또한 국민연금과 차이가 있다. 국민연금의 경우 휴직 또는 이직 시 가입 기간의 공백이 발생하지만 공무원연금의 경우 출산휴가, 휴가 시에도 연금 기여금은 적립이 의무적으로 되고 있어 공무원 재직기간 동안 공백기간 없이 가입 기간에 산출되며 기여금 또한 지속적으로 적립이 된다. 결론적으로 공무원연금은 적립금과 가입 기간 자체가 크기 때문에 많이 받는다고 볼 수 있다.

군인연금

군인연금은 장기간 성실히 복무하고 퇴직하거나 사망한 경우 본인이나 그 유족에게 적절히 급여를 지급하여 본인 및 그 유족의 생활안정과 복리향상을 도모하는 제도이다. 퇴역 연금을 받기 위해서는 19년 6개월 이상 복무하고 퇴직해야 한다. 퇴역 연금은 복부 기간별 지급비율이 다르며 퇴직 직후부터 연금 수령이 가능하다는 점이 국민연금, 공무원연금과 큰 차이를 둔다.

똑똑하게 관리하는
퇴직연금

2층 퇴직연금제도는 근로자들의 노후 소득보장과 생활 안정을 위해 근로자 재직 기간 중에 사용자가 퇴직급여 지급 재원을 금융회사에 적립하고, 이 재원을 사용자기업 또는 근로자가 운용하여 근로자 퇴직 시 연금 또는 일시금으로 지급하는 제도이다. 퇴직연금 제도는 확정급여형DB형 , 확정기여형DC형 두 가지 방식으로 회사마다 상이하다.

* 퇴직금: 근속연수 1년에 대하여 30일분 이상의 평균임금을 퇴직 시 일시금으로 지급.
* 평균임금: 산정하여야 할 사유가 발생할 날 이전 3개월 동안에 그 근로자에게 지급된 임금의 총액을 그 기간의 총 일수로 나눈 금액근로기준법 제 2조 제① 제6호.

저축 / 투자 / 은퇴 / 보장

확정급여형 DB형- Dedfined Benefits Retiement Pension

근로자가 퇴직할 때 받을 퇴직급여가 사전에 확정된 퇴직연금제도이다. 사용자가 매년 부담금을 금융회사에 적립하여 책임지고 운용하며, 근로자는 운용 결과와 관계없이 사전에 정해진 수준의 퇴직급여를 받는다. 퇴직연금=계속근로기간 1년에 대하여 30일분의 평균임금×근속연수로 계산된다.

확정기여형 DC형- Defined Contribution

사용자가 납입할 부담금매년 연간 임금총액의 1/12 이상이 사전에 확정된 퇴직연금 제도이다. 사용자가 근로자 개별 계좌에 부담금을 정지적으로 납입하면 근로자가 직접 적립금을 운용하며, 근로자 본인의 추가 부담금 납입도 가능하다. 근로자는 사용자가 납입한 부담금과 운용손익을 최종 급여로 지급받는다.

퇴직연금 = 매년 임금 총액의 1/12 ±
투자 수익 or 손실.

퇴직연금 DB형 vs DC형 비교

퇴직연금은 장기간에 걸쳐 운용하는 상품이므로 수익률에 따른 복리 효과는 투자 기간이 길어질수록 더 커진다. 현재 근속기간이 10년인 근로자가 월 급여 350만 원, 임금인상률은 매년 3%, 향후 20년 근무할 경우, 운용수익률에 따라 은퇴 시 받는 퇴직연금은 아래와 같다. DC형의 운용수익률이 5%인 경우에는 DB형과의 차이가 약 6천 2백만 원이지만, 7%로 가정한다면 차이가 약 1억 5천만 원으로 크게 증가한다.

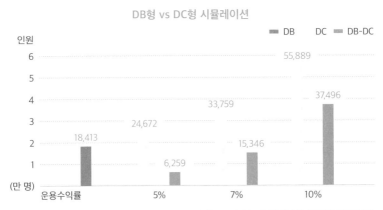

DB형 vs DC형 시뮬레이션

*임금인상률 3%, 근속기간 10년, 향후 근무기간 20년 가정(세전 금액 기준)
*상기 수익률은 예시로 만든 단순 시뮬레이션이며, 미래의 수익률과는 다를 수 있습니다.
*자료: 퇴직연금통계(금융감독원), NH투자증권 100세대연구소

　　　DC형으로 가입한 근로자는 적극적인 투자로 연금 자산의 수익률을 관리해야 더 많은 연금 재원을 확보할 수 있다. 하지만 적립금 운용의 권한과 책임은 가입자인 근로자에게 있고 노후 자금인 만큼, 운용의 안전성을 높이기 위해 위험자산으로 규정된 금융 상품에 대한 투자 한도가 정해져 있다. 위험자산에 대한 투자 한도는 가입자별 퇴직연금 적립금 총자산의 70%이다. 주식 등 일부 고위험 자산과 전환사채, 특별자산펀드 및 혼합자산펀드의 투자는 금지된다. 단점을 보완할 수 있는 퇴직연금 관리법은 추후 TDF 설명을 참고하자.

저축 / 투자 / 은퇴 / 보장

DC형 금융상품별 투자 한도

투자한도	금융상품
70%	주식혼합형 펀드, 하이일드채권 펀드, 부동산 펀드, 특별자산 및 혼합자산 펀드, 주식혼합형 ETF 등
100%	채권혼합형 펀드 주식 비중 40% 이내, 원리금지급상품 정기예금 등, TDF Target Date Fund, 채권혼합형 ETF 등
투자금지	주식, 전환사채, 신주인수권부 사채, 교환사채 및 후순위 채권 레버리지·인버스 ETF, 파생상품 위험평가액 40% 초과 상품 등

*자료: 금융감독원 통합연금포털, NH투자증권 100세시대연구소

또한, 퇴직연금의 경우 회사별로 가입 방식이 다르지만 DB형과 DC형 모두 운용하는 경우에는 DB형에서 DC형으로 변경이 가능하나 반대로 DC에서 DB형 변경은 불가하니 이 점 꼭 참고하여 퇴직연금을 제대로 관리하자.

저희 회사는 둘 중에 선택이 가능한데
DB형과 DC형 중 어떤 연금이 더 유리할까요?

DB형이 유리한 경우: 임금상승률 > 투자수익률

· 승진 기회가 많은 저직급 근로자

· 상대적으로 안전한 대기업 근로자

· 임금상승률이 높은 기업 근로자

· 장기근속이 예상되는 근로자

· 재테크에 관심이 없는 근로자

· 안정성을 가장 중요하게 여기는 근로자

DC형이 유리한 경우: 임금상승률 < 투자수익률

· 임금피크제를 앞둔 근로자

· 승진 기회가 적은 고직급 근로자

· 상대적으로 불안한 중소기업 근로자

· 임금상승률이 정체되거나 매우 낮은 근로자

· 이직이 잦은 업종의 근로자

· 재테크 지식이 많아 투자에 자신 있는 근로자

개인형퇴직연금 IRP- Individual Retirement Pension

회사에서 적립해 주는 퇴직연금 이외 추가로 준비하는 개인 퇴직연금 추가자원이나 사업자의 퇴직연금을 적립할 수 있는 IRP 계좌가 있다. IRP 계좌는 은행과 증권사에서 가입이 가능한 퇴직연금 계좌이다. 퇴직한 근로자가 퇴직급여를 운용할 수 있도록 퇴직 시에 퇴직급여를 지급받는 계좌이며 퇴직연금이 존재하지 않는 사업자도 퇴직연금 적립을 위한 계좌 개설이 가능하다. 재직 중인 근로자가 회사에서 적립해 주는 퇴직연금 이외에 자신의 비용 부담으로 추가 적립이 가능하며, 공무원도 가입이 가능하다. IRP형 계좌의 도입으로 자영업자 등 안정적 노후소득 확보가 필요한 사람도 연금재원 확보가 가능해졌고 정부에서는 이를 장려하고자 IRP 계좌 가입자에게 연금저축과 합산하여 최고 700만 원까지 납입 금액에 대해 세액공제 혜택을 주고 있다. 또, 50세 이상 가입자의 경우 납입지원 확대를 위해 2022년까지 한시적으로 세액공제 한도를 900만 원으로 확대하였다. 적립금을 펀드 및 ETF 등 수익성 자산에 투자하여 운용하는 것이 가능하다. 따라서 수익 추구와 세제 혜택을 동시에 누릴 수 있도록 돕는 1석 2조의 장점을 지닌 연금 계좌이며 개인연금에 속해 있는 연금저축과 동일한 특징을 지니고 있다.

소득공제 vs 세액공제

직장에 다니는 근로소득자의 경우 매월 급여명세표에 소득세를 일정 금액 차감하고 월급이 지급된다는 것을 확인할 수 있다. 소득에 대한 세금을 일정비율소득 구간에 따라 다름로 미리 계산하여 월급 지급 시 공제하며 지급함으로써 소득세 신고의 누락을 방지하는 역할을 한다. 근로소득자뿐만 아니라 개인사업자의 경우에도 별도 종합소득세 신고를 통해 1년간 벌어들인 이익금을 신고하고 이에 대한 종합소득세를 직접 납부해야 한다.

개인사업자는 이런 종합소득세 신고 과정에서 사업상으로 필요한 지출 등을 공제하여 차감한 부분에 대해서만 세금을 납부하기 때문에 별도로 추가 정산을 할 필요가 없지만 근로소득자의 경우 소득세 납부에 별도 공제 항목이 반영되어 있지 않기 때문에 연말에 공제 항목에 대한 서류를 제출하고 관련 지출 항목에 따라 소득공제 및 세액공제를 받아 소득세를 환급 받을 수 있게 된다. 이게 바로 연말정산 환급금인데 같은 소비를 하더라도 제대로 증빙을 하고 공제를 받아야 세액 환급이 가능하기 때문에 내가 1년 동안 지출한 비용에 대해 연말정산 대상인지, 소득공제 및 세액공제 대상이라면 어느정도 환급이 가능한지 미리 파악하면 유리하다.

그러나 들을 때마다 아리송한 소득공제와 세액공제의 차이점을 잘 모르시는 분들이 많아 정확히 알아보겠다. '소득공제'란 말 그대로 소득에 대해 일정 금액을 감액해 준다는 의미이다. 소득세는 소득별 적용 세율에 소득액을 곱한 숫자에 따라 내야 할 세금이 산출되게 되는데 소득공제를 할 경우 소득액 자체를 감액하여 다시 산출하기 때문에 그 차액에 대해 환급 받을 수 있게 된다. 그리고 가장 대표적인 소득공제 대상은 우리가 많이 알고 있는 현금영수증, 체크카드, 신용카드 결제 금액이다. 이 금액들에 대해서는 모두 합산하여 총 급여의 25%를 초과하는 금액에 대해서 소득 공제를 받을 수 있으며 현금영수증, 체크카드는 30%를 공제해 주고 신용카드는 15%를 공제해 준다. 공제율 차이가 나기 때문에 가급적 25% 이하는 크게 상관이 없지만 현금, 체크카드 위주로 결제를 하는 것이 좋으며 최종 공제 산출기준 300만 원 공제 혜택을 받을 수 있다.

세액공제는 이미 산출이 완료된 최종 세액에서 세액공제 금액만큼 차감해 주는 것을 말한다. 앞서 설명한 소득공제는 세금계산에 대한 기준을 낮춰 소득세를 낮추는 방법이라면 세액공제는 산출이 완료된 최종 세액에서 추가 절세가 가능한 방법이라고 이해하면 된다. 가장 대표적인 세액공제 항목은 연금계좌연금저축보험, 연금저축펀드, 연금저축신탁 등의 상품을 가입하고 운용하게 될 경우 1년간 납입 금액에 대해 최대 16.5%만큼 세액을 공제해 주는 혜택을 주고 있다. 그리고 의료비 및 교육비도 세액공제 대상으로 이는 본인 기준으로 한도가 없으며 부양가족 대상 지출에 대해서는 700만 원의 한도가 있다. 연봉 5,500만 원 이하, 50세 이상의 경우 최대한도 900만 원 납입 시 최대 1,485천 원의 절세 효과를 볼 수 있다.

소득금액과 나이에 따른 세액공제 대상

구분	세액공제 대상금액		세액공제율
	50세 미만	50세 이상	
총 급여 5,500만 원 이하 종합소득금액 4,000만 원 이하	400만 원 IRP 합산 700만 원	600만 원 IRP 합산 900만 원	16.5%
총 급여 1.2억 원 이하 종합소득금액 1억 원 이하	400만 원 IRP 합산 700만 원	600만 원 IRP 합산 900만 원	13.2%
총 급여 1.2억 원 초과 종합소득금액 1억원 초과	300만 원 IRP 합산 700만 원		13.2%

* 해당 기준은 2020~2022년 연말정산까지만 한시적으로 운용   * 자료: 금융감독원

타겟 데이트 펀드 ^{TDF- Target date fund} 활용하기

미국의 연금 백만장자들의 퇴직연금 비결:
100만 달러 이상 보유한 미국 401K 계좌 수

16만 8천 개 2018년
19만 6천 개 2019년
22만 4천 개 2020년
41만 2천 개 2021년

* 2020년 2분기 기준   * 출처: 피델리티

미국은 퇴직연금계좌에 100만 달러, 우리 돈으로 약 11억 5000만 원 이상 들어 있는 '연금 백만장자'가 26만 명을 넘어섰다. 이렇게 미국인들이 풍요로운 노후를 보낼 수 있게 된 이유는 퇴직연금을 묻어두는 것이 아니라 '운용'할 수 있도록 한 정부 정책 기반에 생애주기에 따라 알아서 자산배분을 해주는 타겟 데이트 펀드가 있어 가능했다. TDF 펀드는 자산운용사가 은퇴시점을 목표로 두고 수익성 자산과 채권 등의 안전자산에서 자산 배분을 스스로 조절하며 운용하는 펀드이다. 미 정부는 국민의 노후자금 마련의 가장 좋은 방법으로는 확정기여형^{DC} 퇴직연금 401K라고 판단했다.

미 연방정부는 기업들이 직원들에게 확정기여형^{DC}을 제공할 수 있도록 인센티브를 제공하고, 정부도 제도적으로 회사가 제공하지 않아도 직원들이 퇴직금을 모을 수 있도록 했다. 예전에는 많은 직원들이 회사에 들어와서 은퇴계획을 세우지 않았지만 지금은 정부에서 자동적으로 가입하게 하고 있다. 특히 2007년 '디폴트옵션'이 도입되

저축 / 투자 / 은퇴 / 보장

면서 운용이 어려운 근로자들 대신 금융사가 자금을 운용할 수 있도록 했고, 이 제도 덕에 연금자산이 증시로 흘러들어 자본시장이 크게 성장하고 은퇴자의 수익률도 높이는 결과로 이어졌다.

퇴직연금 DC형으로 가입되어 있는 경우 미국이나 호주의 퇴직연금처럼 생애주기에 따라 알아서 자산배분을 해주는 타켓 데이트 펀드로 퇴직연금 적립금을 운용하여 은퇴 자금 수익률을 높이는데 집중한다면 백만장자, 은퇴자산 10억 만들기는 충분히 가능하다. 또 그렇기 위해 퇴직연금도 관리에 신경을 써야한다.

* 퇴직연금 운용의 꿀팁, TDF 활용하기

퇴직연금의 경우 안정적인 은퇴자금 확보에 목적을 두고 단기성 수익이나 잦은 투자 이동 변화는 가급적 하지 않는 것이 좋다. 스스로 투자에 자신이 없다면, 실적배당형 상품 내에 TDF 펀드를 활용할 수 있다. IRP 또는 퇴직연금 DC형 가입자의 경우 적립금의 70%만 투자자산으로 운용이 가능하며 30%는 안정적으로 운용해야 하는 의무 비율이 정해져 있다. 그러나 TDF의 경우 적립금의 100%까지 운용이 가능하다는 아주 큰 특징이 있다. TDF의 경우 펀드 명에 적힌 숫자 '2030'이 뜻하는 것은 가입자의 은퇴 시점을 2030년으로 본다는 것이다. '2050'과 차이를 비교하면 안전자산 비율이 상대적으로 높게 운용된다. 자신의 퇴직급여를 어느 TDF 상품에 운용할 수 있는지는 DC형 퇴직연금 가입 금융사 홈페이지에서 퇴직연금 페이지를 참조하면 가입 가능한 상품을 살펴볼 수 있다.

삼성 한국형 TDF 펀드 6개 상품별 자산배분 프로그램 개요

가입 상품	은퇴 잔여 기간	대상 고객	기간별 주식비중(%)							
			-30	-25	-20	-15	-10	-5	은퇴	+30
			79	77	68	55	42	39	29	18
2045	30년	20~30대	→————————————————————→							
2040	25년	20~30대		→——————————————————→						
2035	20년	20~30대			→————————————————→					
2030	15년	40~50대				→——————————————→				
2025	10년	40~50대					→————————————→			
2020	5년	50대 이상						→——————————→		

*은퇴 잔여 기간은 2016년을 기준으로 한다. * 대상 고객은 55~60세 은퇴 기준으로 한다.

저축 / 투자 / 은퇴 / 보장

제대로 준비하는 개인연금

세제적격 vs 세제비적격

마지막으로 3층 개인연금제도는 연금저축펀드, 연금저축, 연금보험 등이 해당한다. 국민연금과 퇴직연금만으로 부족한 소득대체율을 보완하기 위해 개인 스스로 연금을 납입하여 노후를 준비할 수 있는 금융상품으로 세액공제 혜택이 주어지는 세제적격 연금과 세제비적격 연금으로 나뉜다. 특히 세제적극연금의 연금저축계좌는 펀드나 ETF 투자가 가능하여 세액공제 혜택과 더불어 투자 운용 수익까지 추구할 수 있어 반드시 가지고 있어야 하는 연금상품 중 하나이다.

그렇다면 세제적격과 세제비적격 상품 중 무엇부터 준비를 해야 할까. 정답은 없지만 세제적격 상품을 먼저 활용하길 추천한다. 매년 세액공제최대 16.5%로 돌려받는 금액을 수익금의 개념으로 본다면 절대 무시할 수 없는 수준이기 때문이다. 연간 세액공제 한도만큼 연금저축이나 IRP를 납입하고, 더 여유가 된다면 연금보험 상품을 활용하는 게 유리하다. 연금저축과 IRP 중에 어떤 상품을 활용하면 좋을지는 각자의 상황과 투자 성향에 따라 다를 수 있다. 연금저축은 연간 세액공제 한도가 400만 원이기 때문에 매달 34만 원 정도를 납입

개인연금의 종류

세제적격연금	세제 여부	세제비적격연금
연 400만 원50세 이상 600만 원, 종합소득 4,000만 원 이하 16.5%, 4,000만 원 초과 13.2%, 근로소득 5,500만 원 이하 16.5%, 5,500만 원 초과 13.2%	소득/세액공제 여부 및 한도	x
연금소득세 (만 55세~69세 5.5%, 만 70세~79세 4.4%, 만 80세 이상 3.3%)	연금 수령 시 과세	10년 이상 유지 시 비과세, 이자소득세 15.4% 비과세 5년 이상 납입 후 10년 이상 유지 시
연간 1,200만 원 이상 출금 시 전액 종합소득세 과세 대상	연금 인출 시 과세	x
연금저축보험, 연금저축펀드, 연금저축신탁 등	대표 상품	연금보험 등

저축 / 투자 / 은퇴 / 보장

하면 된다. 연소득 5,500만 원 이하인 사람은 연말정산 때 66만 원을 돌려받게 되고 5,500만 원을 초과하는 경우에는 환급금이 52만 8,000원으로 줄어든다. 2018년 세제 개편으로 연 소득이 1억 2,000만 원이 넘거나 종합소득이 1억 원이 넘는 이들의 경우 세액공제 한도가 연간 300만 원으로 줄었다. 400만 원에 맞춰 계속 납부하고 있었다면 연금저축은 300만 원으로 줄이고 IRP에 넣는 돈을 늘리면 된다. 참고로 IRP는 원리금 보장 또는 비보장 상품 모두를 고를 수 있다. 본인이 원하는 상품별 투자 비율대로 조절할 수 있기 때문에 유연한 상품 운용이 가능하다.

연금저축은 IRP와 달리 담보대출을 받을 수 있어 필요할 때 유용하게 활용할 수 있다는 장점이 있다. 연금저축과 IRP를 합해 받을 수 있는 세액공제 한도는 연간 총 700만 원이다. 연금저축을 갖고 있다면 IRP에 추가로 300만 원을 납입하면 되고, 연금저축이 없다면 IRP 하나에 700만 원을 불입할 수도 있다.

다만 만 50세가 넘는다면 납입 금액을 더 늘리는 것도 생각해 봐야 한다. 2022년까지 한시적으로 세액공제 한도가 900만 원까지 늘었기 때문이다. 다만 총급여액이 1억 2,000만 원종합소득금액 1억 원을 초과하거나 금융소득종합과세 대상자라면 혜택을 받을 수 없다. 정기예금에 가입한 후 만기가 돼 돈을 찾게 되면 이자에 대해 15.4%의 세금을 내야 한다. 하지만 세제적격 상품은 가입 기간에 세액공제를 받고 연금을 받을 때는 최대 5.5%의 연금소득세만 내면 된다. 세제비적격 상품은 연금을 받을 때 일정 요건을 갖추면 비과세다. 이런 측면에서 보면 개인연금 상품은 일반 금융상품과 비교해 여러모로 유리하다. 개인연금 상품에 더 관심을 갖고 챙겨보도록 하자.

세제적격연금 상품의 경우 연금 납입 시 세액공제 혜택이 있지만 세제 비적격연금 상품은 연금 수령 시 연금소득세, 보험차익에 대한 비과세 혜택이 있어 세제적격 연금 상품과 같이 준비하면 납입 시점과 수령 시점 모두 세제혜택의 장점을 더 극대화할 수 있다.

특히 세제비적격 연금 상품은 생명보험사에서만 판매하고 있는 연금보험이 가장 대표적이다. 연금보험은 공시이율 상품과 적립금이 특별계정에서 펀드로 운용되는 변액 상품으로 나뉜다. 공시 이율 상품은 보험회사가 보험개발원에서 공표하는 공시기준이율을 고려하여 일정 기간마다 금리연동형 보험상품에 적용하는 이율에 따라 연금액이 결정되고, 펀드로 운용되는 변액 상품의 경우 연금저축계좌와 같이 펀드 수익률에 따라 연금 수령액이 달라지는 상품이다. 과거에는 확정금리형 연금보험 상품이 존재했고 공시이율, 최저보증이율이 모두 높았기에 공시이율 연금 상품의 수요가 높았으나, 요즘은 저금리 기조의 장기화로 펀드 운용 상품인 변액 연금을 통해 개인의 연금을 준비하는 가입자가 급증하는 추세이다.

다만 연금보험은 초기에 높은 사업비로 인하여 조기 해지 시 손실을 볼 수 있으며 변액 상품의 경우 펀드 운용에 따라 매일 적립금이 변동되어 원금 손실 가능성을 인지하고 펀드 운용에 주의해야 한다. 최근 변액보험 가입자의 손실 위험을 보완하고자 연금개시 시점에 원금 또는 원금 이상의 보증액을 보증해 주는 보증형 상품도 생명보험 회사별로 다양하게 존재하고 있다.

변액연금 관리하기

'변액연금'이라는 단어를 듣고 '해지 시 손실을 봤다.', '오랜 기간이 지나도 적립액이 원금에 도달하지 못했다.' '가입 후 설계사의 관리가 제대로 이루어지지 않는다.' 등 부정적인 이야기를 하는 이들이 꽤 많다. 연금 보험은 납입 금액에 대해 일부 사업비가 차감되는 구조로 이 부분을 보완하는 방법을 알고 활용해야 하며, 장기간 펀드를 활용한 투자 운용 상품으로 반드시 본인이 상품의 관리 방법과 수익률 향상을 위한 수익 관리에 지속적인 관심이 필요하다. 기본적으로 펀드의 가격이 낮아진 저점기에는 주식형 펀드의 편입 비중을 확대하여 운용하고 고점기에는 채권형 펀드 비중을 높여 적립자산의 안전을 확보하여 운용하는 것만 잘 지켜도 수익률 관리가 가능하다.

잠깐!　　　개인연금저축계좌 운용 추천 상품

- 개인연금저축계좌 운용 추천 상품
- DC형 퇴직연금 부분에서 언급했던 TDF 펀드
- 우상향하는 대표적인 차트 S&P 500 지수 추종 ETF
- 나스닥 지수 추종 ETF

주택연금, 과연 괜찮을까

은퇴 후 부동산 자산뿐이라면, 최후의 선택은 주택연금이다. 주택연금은 주택금융공사에서 집을 담보로 맡기고 자기 집에 거주하면서 매달 국가가 보증하는 연금을 받는 제도이다. 은퇴자가 준비된 은퇴자산 없이 오직 부동산만 소유한 경우 원활한 은퇴자금 수급을 위해 적합한 연금제도로 활용되고 있다.

주택연금 가입 요건

- 부부 중 1명이 만 55세 이상
- 부부 중 1명이 대한민국 국민
- 부부 기준 공시가격 등이 9억 원 이하 주택 소유자
- 다주택자라도 합산가격이 공시가격 등이 9억 원 이하면 가능
- 공시가격 등이 9억 원 초과, 2주택자는 3년 이내 1주택 팔면 가능

* 공시가격 등은 공시가격 > 시가표준액 > 시세 또는 감정평가액 순으로 적용된다.

주택연금은 국가가 연금지급을 보증하고 평생 가입자와 배우자 모두에게 거주를 보장한다. 주택연금의 최대 장점은 연금을 지급받던 부부가 모두 사망 시에 그간의 연금수령 총액이 평가한 집값을 초

과하여도 상속인에게 청구되지 않는다는 것이다. 반대로 집값이 남는 경우에는 그 차익이 상속인에게 돌아가는 유리한 구조로 운영되고 있다. 자세한 내용은 한국주택금융공사 홈페이지 www.hf.go.kr를 통해 월 연금 예상 지급금을 조회할 수 있다.

일반주택종신지급방식, 정액형 **월지급금** 예시

주택 가격	연령						
	50세	55세	60세	65세	70세	75세	80세
1억 원	123	161	213	255	308	380	480
2억 원	246	322	427	510	617	760	960
3억 원	370	483	641	765	926	1,140	1,440
4억 원	493	644	855	1,020	1,234	1,520	1,920
5억 원	616	805	1,069	1,276	1,543	1,901	2,400
6억 원	740	967	1,283	1,531	1,852	2,281	2,881
7억 원	863	1,128	1,496	1,786	2,160	2,661	3,302
8억 원	986	1,289	1,710	2,041	2,469	2,970	3,302
9억 원	1,110	1,450	1,924	2,296	2,756	2,970	3,302
10억 원	1,233	1,611	2,138	2,552	2,756	2,970	3,302
11억 원	1,356	1,773	2,352	2,609	2,756	2,970	3,302
12억 원	1,480	1,934	2,504	2,609	2,756	2,970	3,302

* 단위: 천 원 * 예시: 70세(부부 중 연소자 기준), 3억 원 주택 기준으로 매월 92만 1천 원을 수령한다.

주택연금은 평생 가입자와 배우자 모두의 거주를 보장해 준다는 점과 부부 중 한 분이 사망한 경우에도 연금 감액 없이 100% 동일금액의 지급을 보장한다는 장점이 있지만, 집값 외 물가상승률이 반영

되지 않는다는 치명적인 단점이 있다. 물가는 매년 상승하는 데 반해 수령하는 연금액이 같다. 또한 연금을 중도 해지하면 손해가 있다. 또 주택연금은 대출상품으로 분류되어 가입할 때 주택 가격의 1.5%에 해당하는 보증료를 일시불로 내야 하는데, 중도 해지할 경우 받은 연금액과 이자를 한꺼번에 반환해야 하며 3년간 재가입이 불가하다. 더불어 가입 시점의 주택가액이 기준 금액이므로, 주택연금을 가입하는 시점에 따라 연금액이 변동된다. 집을 마음대로 옮기지도 못하며, 질병 치료와 자녀 봉양 등의 이유를 제외하고는 1년 이상 집을 비울 수도 없다.

높은 가입 금액과 가입 기간 중 주택가격 상승분 반영이 안 된다는 단점 때문에 최근 주택연금의 해지율이 높은 편이다. 이는 바로 우리가 연금 자산으로 부동산 자산만 있어서는 안 되는 이유이다. 매매가 쉽사리 이루어지지 않으며 세금 문제 또한 더해지기 때문에 노후 자산의 60%는 현금으로 준비할 것을 권장한다.

적정 수준의 연금 재원

은퇴 후 안정적인 생활을 위해서는 먼저 적정한 노후자금을 산출하고 그에 알맞은 소비지출 수준을 계획하여 노후자금을 안전하게 관리하는 것이 중요하다. 국민연금연구원의 '중고령자의 경제생활 및 노후준비실태조사2018년' 결과에 의하면 특별한 질병이 없이 건강한 노년생활을 보내는 것을 가정할 때 노후에 평범한 생활을 유지하려면 부부는 243만 4천 원, 개인은 153만 7천 원이 필요하다고 한다. 2012년 조사결과에서는 월평균 노후 생활비가 1인 가구 119만 3천 원, 2인 가구 192만 3천 원이면 적당하다고 하였는데, 6년 동안 적정 노후자금액이 1인 가구는 34만 4천 원, 2인 가구는 51만 1천 원이 증가한 것이다. 이는 통상적인 매년 물가상승률 2% 증가율을 적용한 결과보다 높은 수준이다.

이렇게 노후자금의 적정성은 지역 또는 개인에 따라 차이가 크기 때문에 통계 자료에 의존하기보다는 본인의 라이프 스타일과 매달 지출하는 고정비용 등을 종합적으로 고려하여 산출하는 것이 중요하다. 은퇴기의 노후자금관리는 은퇴 후 예상 월 생활비와 은퇴기간을 반영하여 산출한 현재 준비된 노후자금과 향후 필요한 노후자금의 규모를 비교한 후 생활자금의 규모를 조정하여 설계하는 것이 바람직하다. 국민연금은 2028년 이후 40%의 소득대체율이 맞춰질 수 있도록 셈법을 적용하고 있다. 그러나 소득대체율 40%는 국민연금을 40년간 납입하는 경우로 산정된 기준이기 때문에 우리가 실로 납입하는 소득 기간을 감안하면, 실제로는 보다 낮은 소득대체율이 될 수 있다는 점을 고려해야 한다. 현재 국민연금의 보험료율은 9%^{사업장 4.5% 부담+근로자 4.5% 부담}이며, 수급인구의 증가로^{고령화} 점차 상향될 것으로 보인다. 또한, 퇴직연금의 DC형은 중간 정산이 가능해 중간 정산 사유에 의해 중간 정산을 진행하는 경우나 잦은 이직으로 퇴직금을 소진해버린 경우는 은퇴자금의 준비를 미비하게 만드는 대표적인 이유가 된다. 또, 개인사업자^{사용자}의 경우 퇴직연금에 가입되지 않은 경우가 많기 때문에 근로자와 달리 퇴직금 준비가 부족할 수밖에 없다. 심지어 국민연금에 대한 불신으로 애초 가입하지 않거나 체납하는 경우도 종종 볼 수 있다. 현행법상 DC형 퇴직연금의 적립금은 연봉의 1/12 수준으로 한 달 급여 즉, 8% 정도의 수준의 퇴직연금이 적립되고 있다.

실제 납입 지속 기간을 고려한 국민연금의 소득대체율은 25~35% 수준이 될 것으로 전망하며, 퇴직연금은 15~25%의 소득대체율을 채워줄 것으로 보고 있다. 즉, 공적연금과 퇴직연금으로 40~60%의 소득대체율을 채울 수 있는 것이다. 그렇다면 이외 알파^α의 여유로운 생활을 위한 은퇴자금은 개인연금을 준비하는 것으로 보완할 수 있다. 앞서 이야기한 바와 같이 개인연금에는 세제 특징에 따라 납입단계에서 세제 혜택을 받는 세제적격 상품과 일정 조건을 충족 시에 비과세 혜택을 적용받는 세제비적격 상품으로 나뉜다. 세액공제가 불필요하거나^{실질적 세제혜택이 유효하지 아니한}연금 수령 당시에 높은 종합소득이 예고되는 금융소비자의 경우 비적격 상품이 유리하며, 세금공제가 절대적으로 필요한 소비자에게는 세제적격 상품이 유리할 수 있다.

두 상품 중 우위에 있는 상품은 없다고 보여지며 각각의 장점을 활용해 매월 급여에서 10~15%의 수준의 재원으로 개인연금을 준비할 것을 권고한다. 이렇게 준비가 된다면 개인연금에서 또한 소득대체율을 보완하며 완벽한 3층 연금 제도에 부합한 은퇴를 준비하는 것이 가능하다. 덧붙여 퇴직연금이 부재하는 사업자는 개인형퇴직연금 IRP 가입을 통해 반드시 근로자 수준에 준하는연봉의 1/12 적립금이 납입되어야하며, 정년이 보장되지 않은 근로소득자보다 소득이 발생하는 기간 내 은퇴자산 준비에 비중을 둘 것을 권고한다.

최상의 연금 준비 방법

국민연금을 납입 중인 근로자와 사업자, 이미 연금저축, 연금보험에 가입한 분 중 간혹 은퇴자산의 필요성에 대한 이야기를 꺼내면 "저는 은퇴 준비를 충분히 하고 있어요."라는 답변을 하곤 한다. 또 "저는 주식을 모으는 방식으로 은퇴를 준비할래요."라고 말하는 분들도 있다. 이들은 자신이 공적연금이나 개인연금에 가입했다는 이유만으로 본인의 은퇴자산이 충분하게 준비되었다고 생각하는 것이다. 그러나 과연 은퇴자산을 한 가지의 금융상품으로 완벽하게 준비할 수 있을까. 이것은 절대적으로 불가능하다고 본다. 가령 세액공제 상품으로만 이야기한다면, 세액공제 상품은 납입단계에서 세액공제 혜택 13.2~16.5%을 주지만 수령단계에서 연금소득세가 과세된다. 아울러 수령총액이 연간 1,200만 원을 초과하는 경우 종합소득세에 합산 과세가 되어 종합소득 과표를 높일 수 있는 요인이 된다. 다른 말로 세액공제용 연금상품연금저축보험, 연금저축펀드은 월 최대 100만 원 수준에서 연금으로 인출을 진행하는 것이 좋다. 아무리 많은 자금이 세제적격 상품에 적립되어 있다 하더라도, 출금할 수 있는 한도는 연 1,200만 원인 것이다. 만약 여기에 추가로 세제비적격 연금보험이 준비되어 있었다면 수령 한도 없이 무제한 비과세가 된다.

이처럼 연금은 특정 금융상품만으로 준비될 수 없고, 상품의 장점을 최대로 활용하여 다양하게 은퇴 포트폴리오를 준비하는 것이 좋다. 공적연금만 의존해서도 안 되며, 사적연금만 최우선시해서도 안 되며, 또 개인연금을 준비하는 방식에서 '주식', '펀드', '연금보험', '연금저축' 등 특정 상품만 선호하는 것도 안 된다. 은퇴자산은 이 모든 금융상품의 장점이 모두 어우러져야 비로소 완벽하게 준비될 수 있다고 보고 있다. 우선 공적연금, 퇴직연금을 기본으로 사업자는 퇴직연금을 IRP로 대체 개인연금을 준비할 수 있는 방법은 다음과 같다.

* 주식

은퇴자금으로 모아나가는 주식에는 절대 투기성이 반영되어서는 안 된다. 시가 총액 상위기업에서 대형주 위주로 과거의 주가 변동 차트를 활용하여 장기간 꾸준하게 우상향하는 기업을 선택할 것을 추천한다. 또한, 꾸준하게 모아나가는 것이 중요하므로 정기적인 적립 또는 하락장에서의 대거 매수 등을 통해 주식의 수익보다는 수량을 모아나가는 것에 초점을 맞춰야 할 것이다. 특히 변동 폭이 큰 국내 증시와 달리 401K 퇴직연금제도를 기반으로 증권 시장의 안전성이 확보된 미국 우량주식을 선호하며 특정 종목을 선택하는 리스크를 감내하거나, 선택에 대한 어려움이 있는 경우 S&P 500 지수를 추종하는 ETF나, 나스닥을 추종하는 ETF를 활용하는 것을 추천하고 있다.

* 펀드

펀드는 특정 종목을 선택하는 것이 어렵고, 단기적인 대응이 어렵고, 매수 시점을 공략하는 것이 어려운 투자자에게 적합한 중

장기 금융상품이다. 펀드는 자동이체를 통해 정기적인 날짜에 적립 이체가 가능하기에 가격 변동성에 민감하지 않게 반응하게 된다. 펀드에서는 산업군 선정이 매우 중요한데 은퇴 시점을 고려하여 미래의 성장 가치가 높은 성장주 위주의 펀드나 선진국, 특히 미국의 기업에 투자하는 펀드를 공략할 것을 추천한다.

✳ ISA

ISA에는 고배당주를 적립하여 고정적인 배당 소득을 올릴 수 있다. 배당소득은 안전성이 확보되어 연금재원으로서 최고의 재원이 될 수 있으며, ISA 계좌 요건 충족 시가입일로부터 3년 연봉에 따라 200~400만 원 배당소득세 비과세 혜택을 적용 받을 수 있다. 아울러 비과세 혜택이 적용된 ISA에 쌓인 적립금을 연금계좌로 이체할 수 있는데 연금계좌로 이체 시에는 연금계좌의 기본 세액공제 이외 별도로 10% 세액공제가 가능하다300만 원 한도 비과세를 받은 적립금에 세액공제까지 더해질 수 있으니 그야말로 금상첨화가 될 수밖에 없다.

✳ 세액공제용 연금저축

장기적으로 금리가 인하될 것을 고려한다면 연금저축보험보다 연금저축펀드로 연금재원을 준비할 것을 권고한다. 아울러, 시장에 꾸준한 관심을 갖고 대응이 가능한 투자자라면 ETF 등을 활용한 적극적 재산증식을 추천하지만, 연금재원은 수익성보다는 안전성에 초점을 맞추는 것이 중요하다. 또한, '적극적인 재산증식'의 목적이라면 그것은 연금목적 이외의 투자자산에 활용하는 것이 좋고, 연금저축 계좌는 퇴직연금과 동일하게 TDF를 활용하여 안전한 은퇴자산 증식을 추구할 것을 권고한다. 또한 아무리 많은 자금이 쌓이더라도 연금으로 인출하는데 한계가 있으므로 연말정산에서 혜택을 받을 수 있는 최대 적립금인 400만 원 한도 내에서만 납입하는 것이 좋다.

✳ 비과세 연금보험

연금을 수령하는 시기에 사업, 부동산 소득 등을 포함한 종합소득이 높게 발생할 것으로 예견된다면 비과세 연금보험을 통해 수령단계에서 비과세 혜택을 받는 것을 추천한다. 납입단계에서 발생하는 세제혜택은 없으나 요건을 충족하면 5년 이상 납입, 10년 이상 유지 시 수령 금액에 관계없이 수령 시에 지급받는 연금전액이 비과세 된다. 또한 종신형 연금 설계가 가능하여 연금수령 시, 사망 시까지 연금재원을 보장받을 수 있으며, 연금저축펀드의 수령한도 종합소득세가 과세되지 아니하는 한도 연 1,200만 원를 보완하여 연금액을 증액시킬 수 있다. 특히 고액연봉자, 고액자산가의 경우에는 추후 발생할 수 있는 세금 문제를 고려하여 비과세 연금보험의 최대 적립 한도를 활용하는 것이 좋다. 비과세 한도는 일시납 1억 원, 적립식의 경우 연간 1,800만 원이다.

직업 분류상 은퇴 설계 근로자 vs 사업자

✳ 근로소득자

근로소득자는 공적연금과 퇴직연금 의무가입 대상이 된다. 기초가 될 수 있는 생활비를 공적연금에서 충당할 수 있으며 표준이 될 수 있는 생활비를 퇴직연금으로 충족시킬 수 있다. 그러나 과거와 달리 은퇴 시기가 점점 앞당겨지고 있는 점을 고려하여 공적연금의 수령액 축소와 잦은 이직으로 인한 퇴직금 중도 소진 등을 들어 여유로운 은퇴 생활을 위해서는 반드시 개인연금이 부가되어야 한다. 세제적격 연금과 세제비적격 연금을 함께 준비하는 방식으로 개인연금을 보강해야 한다. 성과금, 명절 상여금 등의 비정기적 수당은 세제적격 연금상품에 납입하고, 월 급여 내에서는 10% 내외로 비과세 연금상품에 지속적인 적립이 이루어져야 한다.

* **사업자**

사업자는 근로자에 비해 은퇴 준비가 더욱더 중요시된다. 사업자는 정년이 보장되어 있지 않고, 정해진 수입이나 임금인상률이 보장되어 있지 않아 은퇴 준비에 매우 취약하다. 또한 근로소득자는 사업자에서 의무적으로 퇴직급여를 적립해 주지만 개인사업자는 본인의 퇴직급여 역시 스스로 적립해야 한다. 사업자가 본인의 퇴직금을 적립할 수 있는 금융 상품으로는 IRP가 대표된다. 퇴직연금 계좌에 적립 수준은 근로소득자와 동일한 수준을 맞춰^{연봉의 1/12=8.33%} 연간 순사업소득의 8% 수준을 적립하도록 한다. 또한 이는 근로소득자의 퇴직금을 대체하는 수단일 뿐, 개인연금은 별도로 준비되어야 한다. 정년이 보장되어 있지 않은 만큼 사업자의 개인연금은 소득이 발생하는 시기 내에 최대로 준비되어야 하는데 연간 순소득 1억 원 이상의 고액연봉자로 가정 시 개인연금은 연금보험으로 비과세 한도 1년에 1,800만 원, 월 150만 원 수준이 적정할 것으로 보여진다. 다른 말로, 고액의 연봉자라면 비과세 한도를 최대로 활용하는 것이 유리하다. 사업자는 퇴직연금에 납입하는 금액은 세액공제 혜택을 받을 수 있으므로 연금저축펀드를 중복하며 개설할 필요가 없다.

* 사업자^{특수직}

소득을 벌어들이는 시기가 일시적일 수 있는 운동선수나 연예인, 외모나 체력이 상품화된 직업군은 더욱더 은퇴 준비에 집중해야 한다. 또, 오너의 역할로 사업을 이끄는 개인사업자의 경우 다른 무엇보다 소득이 발생하는 시기의 재무목표가 우선적으로 '은퇴 설계'에 집중되어야 한다. 이들은 남들보다 비교적 활동시기에 더 높은 수입이 발생할 수 있지만 직업수명이 짧아 은퇴 뒤에는 장기간 소득이 부재할 수 있기 때문이다. 또한 지속적인 소득을 발생시킬 수 있는 수익성 부동산 투자도 은퇴자산의 하나로 준비해 볼 수 있다.

연령별 은퇴 설계

* 20~30대

은퇴 준비의 필요성을 가장 적게 느끼는 시기이지만, 사회 생활에 첫발을 내딛는 20대는 은퇴 준비에 최적화된 시기이기도 하다. 결혼 이전에는 고정지출 비용 등이 상대적으로 적게 지출되기 때문에 종잣돈과 은퇴자산을 마련하기에 가장 좋은 저축시기이다. 사실상 취업 후 저축습관이 미래의 경제력을 결정짓는다고 볼 수 있다. 혼인 전 저축률은 본인 소득의 60% 이상이 적정하다. 근로소득자의 경우 취업 직후부터 공적연금과 퇴직연금의 가입대상이 되듯 사회초년생부터 은퇴는 바로 준비되어야 한다. 이 시기에는 상여금 등의 비정기적 수당을 세제적격 연금상품에^{연금저축펀드}납입하여 연말정산 시 세액공제 혜택을 받을 수 있도록 하며, 정기적인 개인연금보험 납입을 통해 서둘러 저축성보험의 비과세 요건^{5년 이상 납입, 10년 유지 시}을 충족시켜 두어야 한다.

* ### 40대

개인연금 준비의 필요성이 극대화되는 시기이다. 중도 이직 시에는 반드시 퇴직금을 IRP로 받아 해지없이 지속 운용해야 한다. 40대에 이직 시에 지급받는 중도 퇴직금을 은퇴가 아닌 타목적으로 활용하게 되면 잔여 기간 동안 새로이 은퇴를 준비하는 것은 더욱더 어려워진다.

* ### 50대

은퇴를 앞둔 50대는 새로이 은퇴자산을 준비하기보다 이미 은퇴 준비를 마치고 금융자산을 확대시켜야 하는 단계이다. 은퇴 이후 실거주 부동산의 축소 계획도 은퇴자산을 확대시킬 수 있는 방법 중 하나가 될 수 있다. 그러나 3층 연금 중 어떤 연금도 제대로 준비되지 않았다면 반드시 최우선순위는 '국민연금'이 되어야 한다. 국민연금에는 추후납입제도와 반환일시금 제도가 있어 연금 수령 기준인 120회 납입을 채우지 못한 경우 추후납입제도를 활용하여 일시금으로 연금을 납입할 수 있고, 60세에 반환 받은 일시금을 다시 국민연금공단에 반납하여 국민연금 공단과의 계약 관계를 성립시킬 수 있다. 또한 공적연금은 3층 연금 중 납입한 총 연금보험료 대비 가장 빠르게 원금을 수령할 수 있는 방법이 된다. 연금이 준비되지 않은 50대라면, 지금이라도 바로 '국민연금'에 가입하여 연금납입을 시작해야한다. 연금수령 요건이 충족되지 않는 경우 임의계속가입으로 65세 이후에도 납입 가능하다.

노후자금의 과부족 산출하기

은퇴를 위한 노후자금은 얼마나 필요할까? 노후자금의 적정성은 개인에 따라 차이가 크기 때문에 본인의 생활 패턴과 매달 지출하는 고정비용 등을 종합적으로 고려하여 산출하는것이 필요하다. 남아 있는 생애 이벤트, 건강상태, 생활비 규모, 예상 은퇴 기간, 연금 소득 등을 구체적으로 상상해 보는 편이 좋다. 이때 예상보다 오래 살 수도 있다는 것을 염두해두고, 은퇴 기간에 '+ 기간'을 더해서 계산하자.

1. 은퇴 후 예상 월 생활비   _____ 원

2. 은퇴 기간 예상 사망연령 - 현재 연령   _____ 년

3. 필요한 노후자금 1번x2번x12개월   _____ 원

4. 준비된 노후자금   _____ 원

5. 과부족 금액 4번-3번   _____ 원

'통합연금포털'로 노후자금 준비도를 체크해 보자

금융감동원의 '통합연금포털100lifeplan.fss.or.kr'을 이용하면 금융회사에 가입된 나의 개인연금 및 퇴직연금 정보를 조회할 수 있으며, 이를 바탕으로 본인의 노후 준비상태를 진단할 수 있다.

통합연금포털 QR ↓

통합연금포털 제공 서비스

1. 개인연금 납입 금액 등 계약 정보 조회
2. 연금 개시 시점부터 90세까지 지급받는 예시 연금액 조회
3. 최저 및 적정 노후생활비와 본인의 예상 연금 수령액을 비교하여 필요한 연금납입액을 제시하는 노후재무설계 서비스 제공
4. 배우자의 연금정보를 입력하여 가족 단위로 노후재무설계 가능

나의 투자 성향 알아보기 TEST

간단한 테스트를 통해 나의 투자 성향을 알아보자. 아래의 일곱 개 질문에 답을 해보고 결과를 도출한다면 연금 포트폴리오 운용에 도움이 될 것이다. 단, 전문적인 기관에서 진행하는 테스트에 비해 간편한 방법이니 참고용으로만 사용하길 권장한다.

1. 새로운 동네로 이사를 했다. 이웃과 사귀기 위해 어떻게 하겠는가?

　① 텔레비전을 보면서 이웃이 당신을 찾아주기를 기다린다.

　② 좋은 음식을 장만하여 가까운 이웃을 초대한다.

　③ 이웃을 사귀기 위해 교회나 절 등에 나간다.

　④ 선물을 준비해서 집집마다 방문하고 새로 이사 왔음을 알린다.

2. 당신은 지금 빠르게 성장하는 소규모 회사에 근무하고 있다. 사장으로부터 다음과 같은 고용조건을 통보받았다면 아래에서 어떤 조건을 선택하겠는가?

　① 5년간 고용계약

　② 10% 월급인상

　③ 목표 달성 시 3,000만 원 보너스

　④ 가격상승의 기회가 있는 3,000만 원 상당의 주식옵션특정가격에 주식을 매입할 수 있는 권리

저축 / 투자 / 은퇴 / 보장

3. 동창 송년회에 부부동반으로 참석할 예정이다. 그러나 그 자리에 어떤 옷을 입고 갈지 아직 정하지 못했다. 어떻게 할 것인가?

　① 이 옷, 저 옷 고르다가 마지막 순간에 아무 옷이나 입는다.

　② 파티에 적합하다고 생각하지만 다른 사람의 이목을 끌지 않는 좋은 옷을 입을 계획이다.

　③ 결정하기 전에 몇몇 친구들에게 전화를 해서 어떤 옷을 입고 송년회에 갈 것인지 물어본다.

　④ 파티장에 들어설 때 다른 사람들이 고개를 돌려 관심을 끌만한 옷을 고른다.

4. 친구의 권유로 세일 중인 옷가게에 갔는데 가격이 상상외로 저렴하다. 그 대신 옷을 입어볼 수 없으며 반환이나 교환이 되지 않는다. 어떻게 하겠는가?

　① 입어볼 수 없고 반환이나 교환이 되지 않기 때문에 사지 않고 구경만 한다.

　② 옷이 몸에 맞을 것이라고 생각하거나 맞지 않으면 고쳐서 입을 생각으로 선뜻 대금을 지급한다.

　③ 옷이 몸에 맞지 않더라도 별 손실이 없을 만한 저가품만 두어 개 구입한다.

　④ 가격이 믿을 수 없을 정도로 싸기 때문에 대여섯 벌 산다.

5. 퀴즈 프로에서 우승을 하였다. 다음 상품 중 어떤 것을 고르겠는 가?

　① 1,000만 원의 현금을 선택한다.

　② 2,000만 원 상당의 상품을 선택한다. 어떤 상품인지는 알 수 없다.

　③ 동전을 던진다. 만일 당신이 이기면 3,500만 원을 갖고, 지면 아무것도 없다.

　④ 100만 원부터 5,000만 원 사이의 금액이 표시되어 있는 원판 을 돌려서 그 원판이 멈추는 곳에 해당하는 현금을 갖는다.

6. 토요일 오후 친구에게 전화가 왔는데, 오늘 저녁 소개팅을 하러 가 지 않겠냐고 물어본다. 어떻게 하겠는가?

　① 갑작스러운 일정이 생기는 것이 싫어 고민 하지 않고 거절한다.

　② 당신은 상대방이 누군지 모르는 소개팅을 할 생각이 전혀 없다.

　③ 데이트할 상대방이 좋은 사람인지 알아보기 위해 몇 가지 질문 을 하고 나서 결정한다.

　④ 즉시 승낙한다. 모험은 당신에게 구미가 당기는 일이다.

7. 금전적인 손실로 인해 고통을 받을 때 어떤 느낌을 갖는가?

　① 나는 불행한 사람이라고 생각한다.

　② 억울한 마음을 못 이겨 밤에 잠을 이루지 못한다.

　③ 손실 상황을 철저히 분석하고 개인적인 실패로 인정한다.

　④ 신경 쓰지 않는다.

저축 / 투자 / 은퇴 / 보장

문항	답안지
1	
2	
3	
4	
5	
6	
7	
총점	

　　투자 성향 질문에 모두 답했다면 점수를 매겨보자. 각 문항당 선택한 번호에 따라 ①은 2점, ②는 4점, ③은 6점, ④는 8점으로 계산한 다음 총점을 확인해 보자.

　　만약 본인의 총점이 18점 미만이라면 '보수적 투자자' 유형, 18~46점 사이라면 '중립적 투자자' 유형, 46점 초과라면 적극적 '투자자 유형'이다.

투자 성향별 개인&퇴직연금 ETF 포트폴리오 추천

※ 적극적 투자자

구분		ETF명	투자 비중
해외 주식	미국주식 대표지수	KODEX 미국S&P500TR	20%
	미국주식 대표지수	KODEX 미국나스닥100TR	20%
	미국상장 반도체	KODEX 미국반도체MV	20%
	국내주식 테마	KODEX 2차전지산업	10%
	국내주식 테마	KODEX K-메타버스액티브	10%
	대체투자	KODEX 다우존스미국리츠	20%
국내 주식	국내주식 대표지수	KODEX 200TR	20%
	국내주식 테마	KODEX 2차전지산업	20%
	국내주식 테마	KODEX K-메타버스액티브	20%
	국내주식 섹터	KODEX 자동차	10%
	미국주식 대표지수	KODEX 미국S&P500TR	20%
	대체투자	KODEX 다우존스미국리츠	10%

* TR: 분배금을 받지 않고 분배금을 재투자하여 수익률을 더 높이고자 하는 ETF 상품이다.
* TRF: Target Risk Fund의 약자로 위험성향에 따른 자산 배분이 가능한 상품이다. 투자자들은 자신들의 성향을 고려하여 위험자산과 안전자산을 따로 나눠 투자할 필요 없이 한 번의 투자로 비중을 조절할 수 있는 상품이다. TDF처럼 상품명에 7030, 5050, 3070 등의 숫자가 적혀 있다. 여기서 숫자앞의 두자리 숫자는 주식 투자 비중, 뒤의 두자리 숫자는 채권 투자 비중을 의미한다. ex) TRF3070은 주식에 30%, 채권에 70% 비중으로 나눠 투자됨을 의미한다.

저축 / 투자 / 은퇴 / 보장

※ 중립적 투자자

	구분	ETF명	투자 비중
해외 주식	미국주식 대표지수	KODEX 미국S&P500TR	20%
	미국주식 대표지수	KODEX 미국나스닥100TR	20%
	미국상장 기술주	KODEX 미국FANG플러스	10%
	대체투자	KODEX 다우존스미국리츠	10%
	자산배분	KODEX TRF3070	40%
국내 주식	국내주식 테마	KODEX 2차전지산업	20%
	국내주식 테마	KODEX K-메타버스액티브	20%
	국내주식 섹터	KODEX 은행	10%
	대체투자	KODEX 다우존스미국리츠	10%
	자산배분	KODEX 200미국채혼합	40%

※ 보수적 투자자

	구분	ETF명	투자 비중
해외 주식	미국주식 대표지수	KODEX 미국S&P500TR	10%
	미국주식 대표지수	KODEX 미국나스닥100TR	10%
	대체투자	KODEX 다우존스미국리츠	10%
	자산배분	KODEX TRF3070	70%
국내 주식	국내주식 테마	KODEX 2차전지산업	10%
	국내주식 테마	KODEX K-메타버스액티브	10%
	자산배분	KODEX TRF3070	20%
	자산배분	KODEX 200미국채혼합	60%

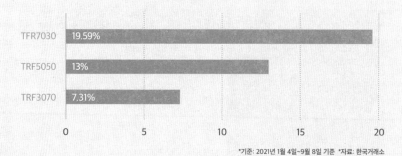

타겟리스크펀드 올 초 이후 수익률

*기준: 2021년 1월 4일~9월 8일 기준 *자료: 한국거래소

저축 / 투자 / 은퇴 / 보장

연금 투자 시 제한 사항

* 개인연금

  레버리지/인버스 ETF 투자는 불가

* 퇴직연금

  - 파생형위험평가액 40% 이상 상품 투자 불가. 단, 합성 ETF는 투자 가능
  - 레버리지/인버스 ETF 투자 불가
  - 선물에 투자하는 ETF 투자 불가
  - 합성 ETF는 투자 가능
  - 주식 및 주식 관련 집합투자 증권에 40%를 초과하여 투자하는 ETF에 대해서는 적립금의 70% 까지만 투자 가능
  - 주식 및 주식관련 집합투자 증권에 40% 미만으로 투자하는 ETF는 적립금 100% 투자 가능

4장

보험

보험이란 무엇일까?
보험이 필요한 이유

우리 생활에서 방대한 분야에 필수로 깃들어 있는 금융상품인 '보험'. 우리의 신체가 질병 또는 상해로 인해 아프거나 또는 우리의 생활에서 누군가에게 크게 보상 처리를 해야 할 때 제일 먼저 찾는 것은 당연히 보험일 것이다. 보험은 우리가 매일 가지고 다니는 핸드폰에도 적용이 될 만큼 살아가는 데 있어서 매우 광범위한 부분에 걸쳐 생활과 밀접한 관계를 맺고 있다. 또한 병원이나 장례식장에 가면 항상 이야기의 주된 주제로 나오는 보험은 우리의 생활에서 절대 뗄 수 없는 금융상품이다. 과연 꼭 필요한 보험이란 무엇일까?

보험은 바로 '계'와 같다. 가입한 사람끼리 돈을 모아서 누군가가 신체에 큰 비용이 들어갈 질병이나 재해가 생긴다면 몰아서 주는 형식이라고 생각하면 쉽다. 우리는 계 모임의 계원이고 그 계 모임의 계주가 보험사라고 생각하면 된다. 보험사는 계주의 역할을 하고 그 곗돈의 일부를 노동 비용으로 가져가는 구조를 취하고 있는 것이다.

그렇다면 보험이 필요한 이유는 무엇일까? 보험은 내 삶에서 위험risk이 닥쳐왔을 때 경제적인 손실을 최소화하기 위한 금융상품이다. 이렇게 생각해 보자. 과연 이 곗돈을 내지 않고 그 비용으로 저축을 한다면 내가 아플 때 곗돈만큼의 돈이 모여 있을까? 그만큼의 곗돈이 없더라도 내가 아플 때 병원비와 생활비를 안정적으로 쓸 만큼의 자산이 있을까? 질문에 대한 대답은 각자 다를 것이다. 보험에는 정답이 없다. 경제적인 여유가 있어 보험이 필요 없다고 생각하면 그 사람에게는 보험이 필요 없을 수 있고, 지금 당장 내가 아픈데 쓸 돈이 없다면 미리 위험에 대비해야 한다. 결론적으로 경제적인 여유가 많지 않다면 보험은 필수 요소이다. 대체로 가계가 기울 때 가장 먼저 보험을 해약하는 경우가 많은데, 이것은 경제적으로 어려운 상황에 스스로 큰 리스크를 더하는 위험한 행동임을 인지하는 것이 굉장히 중요하다.

잠깐! **우리나라 최초의 보험계약 1호는 '소' 보험이라고?**

우리나라는 아직까지 현대적인 보험제도가 정확히 언제 도입되었는지에 대해 정확히 알지 못한다. 하지만 보험이라는 제도가 도입될 때 우리나라는 농경사회여서 주로 보험 대상이 소와 가옥, 농토 등이었다. 이 때문일까, 현재 우리나라에 알려진 최초의 보험계약 1호는 바로 '소' 보험이다. 사실을 입증할 수 있는 제일 오래된 보험 증서가 소 보험증서이기 때문이다. 당시 소 보험이 도입될 때 보험에 가입하지 않은 소는 시장에서 매매를 못하도록 제도화해서 큰 논란이었다고 한다. 그 당시 독립신문에도 소 보험의 논란에 관한 내용을 찾아볼 수 있다. 그 논란의 끝에 결국 소 보험은 약 100여일 만에 폐지되었다고 한다.

보험은 왜 건강할 때
가입해야 할까?

보험사는 절대 손해를 보지 않는다

건강할 때 보험에 가입해야 이유는 무엇일까? 일단 내 보험이 무엇을 담보로 하는지를 먼저 생각해 보면 그 이유를 알 수 있다. 보험은 바로 나의 신체와 생명을 담보로 하는 상품이다. 그렇기 때문에 가입시, 현재 나의 건강 상태가 매우 중요하다. 실제로 접한 사례 중 보험을 가입하고 난 후, 의도한 건지 의심이 들 만큼 꼭 보험금을 탈 일이 생기는 경우와 가입하기 전 보험의 필요성을 꼭 간절히 깨우칠 일이 생기고 난 뒤 그제야 보험을 찾는 경우 등의 사례들이 종종 발생하곤 한다. 그러나 이것만큼은 알아두자. 민간 보험사는 결론적으로 이익을 취하는 기업이기에 보험료를 꾸준히 받고, 지급하는 보험금은 최소여야 이익을 극대화할 수 있다.

그렇기에 보험사는 보험상품에 가입하기 전 이미 나의 신체에 보험금을 지급해야 할 가능성을 아주 조금이라도 가지고 있다면, 그 리스크에 대한 책임을 벗어나기 위해 보험 가입 시 피보험자에게 그 책임을 돌릴 수밖에 없다. 그렇다면 후자아프거나 다치고 난 뒤 보험에 가입의 경

저축 / 투자 / 은퇴 / 보장

우는 당연히 보험 가입 시 내가 원하는 가격 또는 조건에 맞춰 가입이 어려울 수 있다는 말이다. 이것이 바로 내가 건강할 때 보험에 가입해야 하는 이유이다.

손해 보기 싫은 보험사의 꼼수

그렇다면 보험사는 나의 리스크를 어떻게 판단할까? 대표적으로는 과거 병력과 현재 건강 상태를 확인하는 것이다. 예를 들어 뇌혈관질환과 심장질환의 대표적인 원인은 고혈압과 당뇨로 현재 내가 고혈압 또는 당뇨를 앓고 있다면, 보험사는 건강한 사람에 비해 빠른 시일 내 뇌혈관질환이나 심혈관질환이 올 가능성이 크다고 판단할 수 있을 것이다. 또한 과거에 만약 대장에 암으로 발병할 확률이 있는 혹을 제거했다면, 현재는 아무런 이상이 없다고 하더라도 건강한 사람보다 암에 걸릴 확률이 높다고 판단하는 것이다. 그렇다면 그 책임을 나에게 어떻게 돌릴까? 보험 가입 시 보험사에서 나에게 부과하는 패널티는 여러 방법이 있는데 가장 흔한 세 가지로 말하자면 보험료 할증과 부담보, 그리고 인수 불가가 있다.

* 보험료 할증

보험료 할증은 예상하듯이 말 그대로 매달 내야 하는 보험료가 측정되면 인수 시 피보험자의 신체 상황에 따라 손해 보게 될 정도를 예상하고 앞서 산정된 그 보험료에 일정 금액을 추가로 매달 상향하여 받는 것이다. 한 달에 몇백 원부터 많게는 몇만 원까지 할증료가 부과될 수 있는데 이 경우 한 달로 치면 얼마 안 되는 금액이라고 생각할 수 있지만 보험 상품은 몇십 년을 납입해야 하는 상품임을 잊어서는 안된다. 결론적으로는 총 몇백만 원에서 몇천만 원의 보험료가 할증될 수 있다는 얘기다.

* 부담보

그렇다면 부담보는 무엇일까? 부담보는 보험 가입 시 리스크를 가지고 있는 특정 신체 부위나 질병에 대해 일정 기간 보장하지 않기로 약정하는 것을 의미한다. 부담보 부위에 대해서 질병이 발생할 시 어떤 진단비나 수술비, 입원비도 전부 받을 수 없는 것이다. 반대로 약속된 기한이 지날 시에는 정상적으로 보험 효력이 발생한다. 또한 부담보는 예시처럼 특정 부위 또는 특정 질병에 대해 가능하다.

<예시> 부담보 사항이 적힌 보험증권

특정신체부위질병부담보 특정신체부위, 질병 보장제한부

1:3.대장(맹장, 직장 제외) 부담보 기간 1:3년

* 인수 불가

인수 불가는 말 그대로 보험 가입을 받아주지 않겠다는 말이다. 앞서 말한 것처럼 보험사는 결국 이익을 추구하는 기업이다. 그렇기에 그 위험도에 따라 가입할 수 있는 상품을 여러 개 만들어 놓을 정도이니 나의 건강 상태가 보험회사에서 보험금을 지급할 가능성이 매우 다분한 상태라면 내가 가입을 원한다고 해도 가입을 받지 않을 수 있다.

생각해 보자. 내가 암을 진단받아 완치된 지 얼마 되지 않았다면

당연히 합병증이나 재발 위험 등이 있을 수 있다고 판단할 것이고, 보험사에서 가입을 받지 않으려고 하는 것은 당연할 수 있다. 보험료는 나이가 어릴수록 저렴하고 나의 신체도 나이가 어릴수록 건강하기 때문에 가장 유리한 조건으로 저렴하게 가입이 가능하다. 이것이 바로 보험을 건강할 때 가입해야 하는 이유이다. 내가 현재 어리고 건강하다고 방심하고 안일하게 생각할 것이 아니라, 현재 나의 건강함에 감사하며 앞으로의 미래를 위해 준비해야 한다. 보험이라는 제도가 있는 이유는 우리의 앞날을 알 수 없기 때문이다.

보험의 고지^{알림} 의무

가입이 끝났다고 해서 방심하면 안 된다. 결국에 보험은 우리가 위험에 직면했을 때 보험금을 받는 것을 목적으로 가입하는 것이고 따라서 제일 중요한 것은 바로 보험금 지급이다. 보험회사는 보험금을 지급하는 그 순간 끝까지 손해 보지 않기 위해 꼼수를 넣어 놓았다. 우리가 보험사의 꼼수에 넘어가지 않기 위해 꼭 알아 두어야 하는 매우 중요한 것, 바로 '고지 의무'이다.

고지 의무는 말 그대로 계약자가 보험사에 알려야 하는 의무를 부담하는 것이다. 고지 의무는 계약 전 알릴 의무와 계약 후 알릴 의무^{통지의무} 두 가지로 나뉜다. 계약 전 알릴 의무는 보험 가입을 하고자 할 때, 보험사가 보험계약에 대한 위험도를 판단할 수 있도록 필요한 정보들을 계약자가 알려야 하는 의무이다. 이 위험도에 따라 계약의 성사 조건이 달라질 수도 있다. 앞에서 이야기했던 과거의 병력이나 나의 현재 건강 상태 등이 계약 전 알릴 의무에 속한다.

계약 후 알릴 의무는 보험 가입 후 위험도가 변동된 사실이나 보상해야 하는 내용이 변경될 경우 보험사에 통지해야 하는 법률상의 의무이다. 다른 말로 '통지의무'라고도 불리우며 주로 손해보험사에 적용된다. 대표적인 계약 후 알릴의무는 위험의 증가여부과 관련되어 있는 직업, 운전여부, 이륜차운전 등과 보상해야 하는 내용이 변경되는 주소 등이 있다. 특히 손해보험사에 보험에 일상생활배상책임 특약을 가지고 있다면 거주지 변경 시 주소는 필히 보험사에 알려야 한다. 알리지 않을 경우 이사한 거주지에 배상책임이 생길 시 보험금 지급에 문제가 발생할 수 있다. 또한 위험등급이 변동될 경우 계약 체결 후라도 보험료에 증액 또는 감액의 변동이 발생할 수 있으며, 그에 따른 보험료 추징 또는 반환이 이루어질 수 있으니 유의하여야 한다. 알릴 의무가 중요한 또 다른 이유는 보험사에 제대로 알리지 않을 시, 보험금 지급이 정상적으로 이루어지지 않는 것은 물론, 경우에 따라 나의 계약이 해지될 가능성도 있기 때문이다. 고지 의무는 금융소비자에게 주어진 의무이자 권리이다. 계약 체결 시 그리고 체결 후 본인 스스로가 챙겨야 함을 잊지 말아야 한다.

보험 가입에 있어서는 나이와 건강이 최고의 무기이다. 더불어 보험은 재정적인 상황이 좋지 않을수록 더 필요한 제도라는 것도 잊어서는 안 된다. 우리가 우리의 앞일을 알 수 있다면 보험이라는 것이 굳이 필요 없는 사람도 있을 것이다. 하지만 우리는 앞날을 알 수 없다. 내 건강도 언제 무너질지 알 수 없다는 말이다. 그러므로 내가 현재 건강하다고 방심하고 안일하게 생각할 것이 아니라, 현재 건강함에 감사하며 앞으로의 미래를 위해 준비해야 한다. 우리의 재무 상황은 건강하다면 얼마든지 다시 되돌릴 수 있지만 신체는 그렇지 않다.

우스갯소리로 항상 이런 말을 한다. 지금 이 순간에 집값이 가장 저렴하듯, 보험도 어리고 건강한 지금 이 순간이 가장 저렴하다고. 그래서 보험은 하루라도 빨리 납입할 수 있는 여력만큼 제대로 준비해서 오래 유지하는 것이 진정한 승자이다.

보험의 구성과 쓰임새

보험은 우리 실생활과 뗄 수 없음은 분명하다. 그렇지만 보험을 한 번이라도 가입해 본 사람이라면 이런 경험을 해봤을 것이다. 설계사가 좋다고 하고 이것저것 다 나온다고 해서 가입을 했으나 지금은 하나도 기억나지 않고, 증권을 보면 용어는 너무 어려워서 내 보험이 대체 어떤 보험인지 어떤 상황에 얼마의 보험금이 나오는 지조차 모르는 상황말이다. 전부 보장된다고 하고, 보험료도 저렴하다고 해서 가입했는데 막상 보험금을 청구하니 청구받을 금액이 하나도 없는 상황이 생기곤 한다. 이러한 일을 한 번이라도 경험해 본 사람이라면 꼭 아래 내용을 꼼꼼히 살펴보자. 대체 보험은 어떻게 생겼는지, 그 안에 담보들은 어떠한 용도인지에 관해 알아보자.

보험의 구조

보험의 구조는 '주계약기본계약'과 '특약' 두 항목으로 나뉜다.

생명보험사에서는 '주계약', 손해보험사에서는 '기본계약'이라는 명칭으로 사용되고 있다. 생명보험사에서는 주계약을 주로 사망을 담보하며, 손해보험사에서는 기본계약을 주로 상해사망/상해 후유장해를 담보한다. 이 주계약은 내가 특약에 가입하기 위해서 의무적으로 가입해야 하며 자동차에 비유하면 주계약은 자동차 자체, 특약은 그 안에 옵션으로 볼 수 있다.

✳ **특약**

흔히 알고 있는 암 진단비, 수술비, 입원비 등을 담보하는 특약은 내가 원하는 금액만큼 원하는 종류만 선택해서 가입할 수 있는 항목으로 자동차에 비유하면 옵션에 속한다고 볼 수 있다. 보험에서 이 특약들의 용도와 쓰임새는 굉장히 중요하다.

특약은 어떤 용도로 준비할까

특약의 종류는 보험사 별로 조금씩 다르고, 많은 종류로 존재한다. 주로 우리가 암보험, 수술보험이라고 말하는 것들은 대부분 종합보험건강보험에서는 특약에 해당한다. 그중 우리가 반드시 알아야 하는 특약들이 있다면 크게 진단비, 수술비, 입원비로 나눌 수 있다. 그렇다면 이 특약들은 하나하나 어떤 용도로 준비해야 할까?

각 특약별 용도

진단비

보험에 가입할 때 진단비는 몇천만 원씩 큰 금액을 가입하는 것이 좋다고 생각한다. 그렇다면 진단비로 대체 왜 그렇게 큰 금액을 가입해야 하는지, 진단비가 무슨 용도로 쓰이는지 생각해 본 적은 있을까? 대부분 이러한 질문을 하면 "막상 생각해 본 적은 없어요."라는 답변이 가장 많다. 그러나 진단비의 용도를 아는 것은 굉장히 중요하다. 진단비의 용도는 첫 번째 병원비를 대비하기 위함이다. 실제로 많이 듣는 질문 중 하나는 "우리나라는 건강보험이 잘 되어 있으니까 보험도 실비실손의료비보험만 있으면 되는 거 아닌가요?"라는 질문이다. 물론 실손의료비보험의 장점은 우리가 실제로 납입한 보험료의 많은 부분을 돌려받을 수 있다는 점이지만, 단점도 굉장히 많다.

갱신형 보험으로 보험료가 꾸준히 변동되고 그 폭이 작지 않다는 점, 무조건 모든 범위가 다 보장되지는 않는다는 점, 가입 연도에 따라 상이하지만 100% 다 지급받지 못한다는 점, 그리고 가장 큰 단점은 실제 사용한 병원비를 한도로 보장받는 보험인 만큼 내가 먼저 병원비를 선 납입을 해야 보험사에 청구를 할 수 있다는 점이다. 진단비는 이때 병원비를 대비할 수 있는 역할을 하는 용도로 준비하는데, 특히 실손의료비보험에서도 지급되지 않는 면책조항에서의 의료비 또한 이 진단비로 헷지할 수 있다는 장점이 있다.

또한, 3대 질병을 포함하여 중증 환자에 대해 우리나라에서는 '산정특례'라는 제도를 운영하고 있다. 그렇기 때문에 큰 질병에 노출이 되어도 병원비가 많이 지출되지 않는다는 생각하는 사람들이 많다. 혹시 동일하게 실비만 믿고 있었다면, 생각을 다시 해볼 필요가 있다. 산정특례는 평생 모든 질병에 대해 적용하지 않고 산정특례사유인 질병에 한해서 일정 기간만 적용을 해주기에 당연히 타 질병으로 인해서 병원비 지출이 생기면 기본 건강보험 혜택밖에 받지 못한다. 또한 건강보험공단에서 요양급여적용이 가능한 항목에 한해서만 혜택이 가능하기에 요양급여 적용이 되지 않는 비급여 치료에 대해서는 그대로 병원비를 전액 납부해야 하며, 이 또한 당연히 실손의료비보험에서 받을 수 없는 것들이 대다수다.

진단비의 용도 두 번째는 나의 수입 부재를 대체해 주는 역할이다. 우리의 신체에 문제가 발생한다면 병원비도 손해지만 우리가 정상적으로 노동해서 수입을 벌어들이지 못하는 것 또한 큰 손해 중 하나이다. 진단비는 이때 나의 수입 부재를 대체해 주는 역할을 한다. 또한 소득이 부재한다고 해서 우리의 일상에서 카드 값부터 주거비, 공과금 핸드폰비 대출금 등등 생활 속에서 발생하는 나의 고정지출도 중단되지는 않는다. 그렇기에 회복 후 다시 일상으로 정상복귀 했을 때, 가계 재정적으로도 문제가 없어지려면 이 진단비를 잘 준비해두어야 한다. 따라서 진단비에서 가장 중요한 점은 나의 현재 상황이다. 어떤 사람은 자녀가 있는 외벌이 가정일 수도 있고, 어떤 사람은 미혼의 혼자 사는 사람으로 책임질 가족이 없을 수도 있다. 또 어떤 사람은 상대적으로 고소득을 벌어드리는 사람이라 수입이 중단되었을 때 생기는 손해가 막심할 수도 있고, 어떤 사람은 소득이 높지 않아 높은 금액의 보험료를 부담하기 어려울 수도 있다. 진단비의 용도와 이러한 본인들의 상황에 맞춰서 진단비를 준비해야 한다.

잠깐!   **산정특례란?**

진료비 본인부담이 높은 암 등 중증질환자와 희귀질환자, 중증난치질환자에 대해 본인부담률을 경감해 주는 제도로 외래 또는 입원진료 모두 적용이 가능하다. 산정특례 해당되는 질병에는 암, 뇌혈관질환, 심장질환, 중증화상, 희귀질환, 중증난치질환, 중증치매, 일부결핵 등이 있다. 적용기간은 질병별로 상의하지만 암에 대해서는 5년이며, 잔존암, 전이암 또는 희귀질환과 중증난치질환의 잔존이 확인되면 재등록이 가능하다. 단, 모든 의료비용이 산정특례에 해당되는 것은 아님을 알아야 한다. 의료비용 중 요양급여비용에 해당되지 않는 비급여치료나 전액본인 부담금을 요구하는 치료에 대해서는 산정특례를 적용받지 못한다. 보다 자세한 내용은 국민건강보험공단 홈페이지에서 확인할 수 있다.

출처: 국민건강보험공단 홈페이지

수술비

진단비는 큰 금액으로 준비할 수 있다는 장점이 있지만 반면 단점도 있다. 진단비는 3대 질환을 제외한 질병에 대해서는 제한적으로 보장되어 모든 질병에 대비가 불가하며 1회성 담보로 내 인생에 단 한 번밖에 지급이 되지 않는다. 진단비의 이러한 단점들을 상쇄하기 위해 우리는 수술비를 중요시 여겨야 한다. 수술비의 장점은 진단비의 단점과 정확히 반대 개념이다. 제한적인 질병에 국한되어 준비되는 진단비와 달리 수술비는 포괄적으로 많은 질병에 대해 대비가 가능하며 회당 지급받을 수 있다는 장점이 있다. 또한 진단비에 비해 상대적으로 저렴한 보험료로 수술비를 준비할 수 있다.

수술비는 손해보험사와 생명보험사가 보장하는 약관상 범위가 다르고 수술비의 종류도 다르다. 각 수술비 특약마다 약관에 따라 수술코드를 기준으로 지급하는 담보가 있고 질병코드에 따라 지급하는 수술비도 있다. 각 항목마다 지급하는 기준이 다르기에 우리는 넓은 범위로 보장받을 수 있는 수술비를 종류별로 적당히 가입해야 한다.

생명보험사에는 질병/상해를 모두 '수술분류표'에 따라 1~5종으로 나눠 금액을 차등 지급하는 종수술비와 재해로 인한 수술 시 지급하는 재해수술비가 있다. 재해수술비는 대부분 재해보장특약 안에 있다. 생명보험사의 종수술비는 '수술분류표'에 의거하여 지급된다.

손해보험사는 수술의 규모와는 관계없이 약속된 금액으로 보장하는 질병수술비, 그리고 질병코드를 기준으로 지급하는 N대 수술비와 상해로 인해 수술 시 보장하는 상해수술비, 그리고 골절로 인해 수술 시 보장하는 골절수술비, 화상으로 인해 수술 시 지급하는 화상수술비 등이 있다.

특히 여성들은 남성들에 비해 수술비 지급률이 굉장히 높은 편이다. 특히 여성질환 관련하여 수술비를 지급받는 경우가 상당히 많다. 여성이라면 지금까지 건강했더라도 수술비는 꼭 꼼꼼히 체크해서 넓은 범위로 보장받을 수 있도록 준비하기를 권한다. 지금 건강하다고 방심해서는 절대 안 된다. 위험이 없다면 보험이라는 제도는 처음부터 존재하지 않았을 것이다.

잠깐!　　　재해와 상해의 차이점

재해

열거주의/감염병을 포함한 우발적인 외래의 사고가 범위가 되며 단, 예외적인 몇가지를 제외한다.

❶ **우발적인, 외래의 사고로 보장대상이 되는 재해**

· 한국표준질병사인분류상의 (S00-Y84)에 해당하는 우발적인 외래의 사고

· 감염병의 예방 및 관리에 관한 법률 제2조 제2호에서 규정한 감염병 콜레라, 장티푸스, 파라티푸스, 세균성이질, 장출혈성대장균감염증, A형간염

❷ **급격하고, 우연한, 외래의 사고**

· 보험기간 중에 발생한 급격하고도 우연한 외래의 사고로 신체 의수, 의족, 의안, 의치 등 신체보조장구는 제외하나, 인공장기나 부분 의치 등 신체에 이식되어 그 기능을 대신할 경우는 포함에 입은 상해를 말한다.

상해

포괄주의/급격성, 우연성, 외래성을 다 충족시켜야 하며 단, 재해와 달리 감염병은 해당이 되지 않는다.

입원비

과거에는 현재와 달리 입원 빈도도 잦았고 입원 일수도 긴 편이었다. 하지만 현재는 의료기술의 발달과 병실 부족 등의 이유로 입원 빈도와 입원 일수가 감소하고 있다. 물론 신생아나 아직 의사 표현을 하지 못하는 아기들의 경우에는 여전히 입원을 많이 하지만 성인들은 그렇지 않다. 과거와는 다르다는 이야기다. 반면, 과거의 데이터를 바탕으로 보험료를 산정하는 구조를 가지고 있는 보험사의 입장에서 과거에는 지금과 달리 장기입원도 많고 나일론 환자도 많았던 만큼 이미 누적되어 있는 손해가 많다. 그렇다 보니 입원일당의 경우 보험료 측면으로 보았을 때 효율적이지 못하다고 할 수 있겠다.

병원에서 입원 및 처치를 할 때 병원비가 정말 많이 청구되는 공간이 있다. 바로 중환자실이다. 입원일당이 보험료 측면에서 부담된다면 적어도 이 중환자실 담보는 꼭 가입하길 바란다. 일반 입원일당에 비해 보험료도 저렴하고 중환자실에 한 번 입원하면 그때부터 병원비가 지출되는 규모는 일반 병실과 천차만별 차이이다. 중환자실에는 위중한 환자도 입원하지만 수술 후 회복해야 하는 환자, 입원이 필히 필요하지만 병실이 없는 환자 등등 생각보다 다양한 이유로 살면서 입원하는 순간이 생길 수 있다. 그리고 또 하나 여력이 있다면 암입원비 담보까지 추천한다.

대한민국 TOP 3 사망원인 3대 질병

3대 질병은 무엇일까

보험은 나의 신체에 대한 리스크를 대비하는 것이 목적이다. 하지만 우리가 살아가며 어떠한 질병이나 상해에 노출될 지는 아무도 알 지 못한다. 그렇기 때문에 보험을 준비할 때는 확률에 근거하여 준비하는 것이 굉장히 중요하다. 통계청 자료2016~2020년 사망원인에 의하면 우리나라 국민들 중 10명 중에 9명은 질병으로 사망하며, 그 9명 중에 절반은 3대 질병에 의하여 사망한다는 통계 결과가 있는 만큼 우리는 3대 질병에 대해서는 필수로 준비하여야 한다. 3대 질병이란 암과 심장질환 그리고 뇌혈관질환으로 나뉜다. 우리가 흔히 알고 있는 뇌출혈과 급성심근경색과는 어떤 차이가 있을까?

* 암

    암은 우리 몸의 세포가 비정상적으로 자라나 형성된 덩어리를 의미한다. 암은 주위조직에 침윤하며 빠르게 성장해 확산 및 전이되는 점이 양성종양과 다르며 현대사회에서는 서구적인 식습관, 불규칙한 생활습관, 스트레스 등으로 암 환자가 매년 꾸준히 증

암 분류

일반암 　　　유사암

소액암

고액암

심장질환 분류

심장질환

허혈성심장질환

급성심근경색

뇌출혈과 뇌혈관질환 분류

뇌혈관질환

뇌졸중

뇌출혈

가하는 추세를 보이고 있다. 특히 과거와 달리 의학기술의 발달로 인해 생존률이 점점 높아지고 있는 것은 긍정적으로 볼 수 있으나 2030세대의 암 환자가 꾸준히 증가하고 있는 만큼 건강검진을 통해 예방하는 것이 매우 중요하다.

✳ 심장질환

급성심근경색은 심장의 혈관이 막혀서 심장이 멈추는 질환이다. 그러나 심장은 혈관만으로 이루어져 있는 장기가 아니다. 근육 사이에 혈관과 판막이 있다. 그만큼 심장질환에는 여러 종류가 있을 수밖에 없다. 주로 많이 들어본 부정맥 같은 질병도 생길 수 있고, 심장의 혈관이나 판막, 그리고 근육까지 발병할 수 있는 질환은 많다. 그렇기에 보험사에서는 급성심근경색을 포함하여 이렇게 많은 심장질환을 심장질환 또는 허혈성심장질환이라는 담보명으로 넓게 보장하고 있다. 따라서 3대 질병으로 속하는 뇌혈관질환과 심혈관질환은 넓은 범위이다. 자신의 보험이 이보다 좁은 뇌출혈_{또는 뇌졸중}, 급성심근경색만으로 보장이 되어 있다면 넓은 범위로 준비해야 한다.

✳ 뇌출혈과 뇌혈관질환

뇌출혈은 뇌혈관이 터져서 출혈이 생기는 질환을 말한다. 반면, 뇌혈관질환은 뇌출혈을 포함하여 뇌에 나타날 수 있는 더 넓은 범위의 질병들을 포함한다. 앞의 분류와 같이 뇌출혈보다 넓은 범위는 뇌졸중, 뇌졸중보다 더 넓은 범위는 현재 보험사에서 가장 넓은 범위로 보장하고 있는 뇌혈관질환이다.

대한민국 사망원인 1위 암

대한민국 사망원인 1순위는 악성신생물. 우리가 흔히 알고 있는 암이다. 아무리 우리가 건강한 식습관을 가지고 건강관리를 한다고 해도 예방할 수 없는 질병이기도 하다. 이유는 바로 암의 발병 원인 66%가 알 수 없는 이유로 발생하기 때문이다. 게다가 암은 어느 신체 부위에 생기는지에 따라 완치율 혹은 사망률이 다를뿐더러, 치료에 드는 의료비용도 천차만별이다. 그렇다면 '암'은 다 같은 암일까?

주요 암종류별 환자 1인당 비용 부담

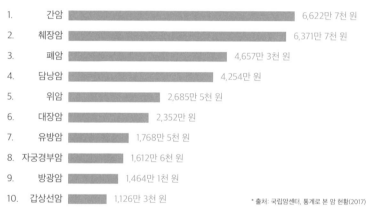

1.	간암	6,622만 7천 원
2.	췌장암	6,371만 7천 원
3.	폐암	4,657만 3천 원
4.	담낭암	4,254만 원
5.	위암	2,685만 5천 원
6.	대장암	2,352만 원
7.	유방암	1,768만 5천 원
8.	자궁경부암	1,612만 6천 원
9.	방광암	1,464만 1천 원
10.	갑상선암	1,126만 3천 원

* 출처: 국립암센터, 통계로 본 암 현황(2017)

　　보험사에서는 이렇게 암의 발생 빈도, 치료비 등을 고려하여 195쪽과 같이 분류하고 있다. 쉽게 말해 사망률이 높고 치료비가 많이 드는 암보다 비교적 완치율이 높고 치료비가 적게 드는 암은 보험금을 조금 지급하기 위해 범위를 나누어 놓은 것이다. 단, 보험 상품별 약관상 차이가 있으니, 가입한 상품의 약관을 확인하는 것이 가장 정확하다.

보험에서 암의 분류

보험에 일반암 진단비와 고액암 진단비가 함께 있다면 고액암 진단 시에는 고액암 진단비와 일반암 진단비가 함께 지급된다. 암 중에서는 특히 유사암과 소액암을 주의 깊게 살펴봐야 한다. 상대적으로 치료비 부담이 적고 완치율이 적은 암 종류를 뜻 하는데 생명보험사와 손해보험사에서는 유사암과 소액암을 다르게 구분한다.

* 일반암: 흔히 들어본 위암, 폐암, 대장암, 간암 등이 속하며, 유사암을 제외한 암은 모두 일반암이다.
* 고액암특정암: 고액암이란 치료가 어렵고 암 치료 비용이 상대적으로 많은 금액이 발생하는 암이다. 각 보험사 상품에 따라 고액암 분류는 차이가 있지만 보편적으로 뇌암, 골수암, 혈액암, 췌장암,식도암 등이 해당된다.
* 유사암: 주로 손해보험사에서 많이 나누는 암 종류로 기타피부암, 갑상선암, 경계성종양, 제자리암 네 가지를 포함한다. 쉽게 말해 갑상선암과 극 초기에 발견한 암이라고 생각하면 된다.
* 소액암: 생명보험사에서 많이 다루는 암 종류로 유방암, 자궁암, 전립선암, 방광암 등 생식기/유방암을 말한다.

이해를 돕기 위해 두 가지 증권 예시를 통해 알아보자.

암진단 급여금	전립선암, 유방암 및 대장암 이외의 암	계약일로부터 2년 미만 2,500만 원 계약일로부터 2년 이상 5,000만 원
	유방암 또는 대장암	계약일로부터 2년 미만 1,000만 원 계약일로부터 2년 이상 2,000만 원
	전립선암	계약일로부터 2년 미만 500만 원 계약일로부터 2년 이상 1,000만 원
	유사암_{기타피부암, 갑상선암, 경계성 종양, 제자리암}	계약일로부터 2년 미만 250만 원 계약일로부터 2년 이상 500만 원

위 보험을 가진 사람이 면책기간/감액기간이 지난 후 일반암을 진단받으면 수령하게 되는 보험금은 5,000만 원이다. 그리고 해당 보험은 유방암, 대장암, 전립선암은 일반암에서 제외된다. 유방암과 대장암 진단 시 수령할 수 있는 보험금은 2,000만 원 그리고 전립선암 진단 시 보험금은 1,000만 원이다. 이를 제외한 유사암^{기타피부암, 갑상선암, 경계성종양, 제자리암} 진단비는 500만 원이다.

암진단비_{유사암제외}	5,000만 원_{1년 이상} 2,500만 원_{1년 미만}
유사암진단비	2,000만 원_{1년 이상} 1,000만 원_{1년 미만}
고액암진단비	3,000만 원_{1년 이상} 1,500만 원_{1년 미만}

위 보험을 가진 사람이 감액기간 이후 일반암 진단 시 수령하게 될 보험금은 5,000만 원이다. 위 보험에서 일반암의 범위는 유사암기

타피부암, 갑상선암, 경계성종양, 제자리암을 제외한 모든 암을 뜻한다. 일반암을 제외한 유사암 진단 시 보장금액은 2,000만 원이며, 고액암 진단비도 구성되어 있는데 각 상품 별 고액암의 정확한 범위는 조금씩 다르기 때문에 해당 증권 및 약관을 확인하기 바란다.

이렇게 증권을 들여다보면, 암 진단비 5,000만 원이 모든 암에 동일하게 적용되지 않는다는 사실을 알 수 있다. 또한 보험사마다, 상품마다 분류되는 암 종류가 전부 상이하기 때문에 보험은 항상 내가 가지고 있는 상품의 약관과 증권을 바탕으로 자세히 살펴보아야 할 필요성이 있다.

잠깐!   해지하면 후회하는 암보험

───────────────────────────────

남녀불문 발병률 상위암인 갑상선암. 상대적으로 자주 발생하며, 치료 비용이 적고, 완치율이 높기 때문에 지금은 일반암이 아닌 유사암으로 분류되어 있다. 그런데 유사암인 갑상선암도 일반암으로 분류되던 시절이 있다. 갑상선암은 2008년부터 유사암으로 분류하기 시작했고, 2009년부터는 유방암, 자궁암, 전립선암, 방광암을 소액암으로 분류하고 있으며, 2014년부터는 대장점막내암, 소액암^{생명보험사}, 유사암^{손해보험사}을 분류하여 지급하고 있다. 그러므로 특히 유사암의 확률이 높은 여성이라면, 2008년 이전에 가입한 암보험은 반드시 유지해야 한다.

감액기간 면책기간은 대체 무슨 뜻일까?

감액기간과 면책기간은 쉽게 말해 보험회사에서 손해를 덜 보기 위해 만들어 놓은 안전장치이다. 고객이 보험료를 얼마 납입하지 않았는데 보험금 지급 사유가 생겨서 큰돈을 지급하게 되면 보험사 입장에서는 큰 손해이기 때문이다. 이를 고려하여 보험사가 만들어 놓은 두 가지 안전장치가 감액기간과 면책기간이다. 서로 어떤 차이점이 있을까?

감액기간

말 그대로 가입하고 오래되지 않아 보험금을 수령할 상황이 생겼을 때, 가입 시 약속했던 보험금의 액수를 일정 부분 차감해서 지급하는 기간을 말한다. 증권을 살펴보면 담보의 설명 뒤에 1년 미만 50% 지급이라고 기재되어 있는 경우들을 볼 수 있는데 바로 이 1년이 보험금을 차감해서 지급하는 감액기간이다. 감액기간이 지나고 나면, 가입 시 약정한 보험금 100% 모두 지급받을 수 있다.

면책기간

가입 후 일정 기간 보험회사가 보장해야 하는 책임을 면하는 기간이다. 감액기간과 마찬가지로 증권을 살펴보면 보장개시일에 대한 내용이 기재되어 있다. 즉, 가입하는 날부터 보장개시일 전일까지의 기간을 면책기간으로 이해하면 된다.

생명보험사와 손해보험사의 차이

사람들에게 보험사에 종류에 대해 물을 때면 나오는 대답은 '잘 모른다' 또는 '한 군데 상품만 파는 회사와 여러 곳의 상품을 파는 회사' 등 대부분 이 정도의 대답을 듣곤한다. 보험사의 종류에는 여러 가지가 있지만 우리의 신체와 연관된 보험사는 크게 생명보험사와 손해보험사 두 가지로 나눌 수 있다.

생명보험사

생명보험사는 사람의 생사生死와 신체를 담보하는 회사로 주계약이 일반사망이다. 일반사망은 보험에서 보장하는 사망의 범위 중 가장 넓은 범위로 대부분의 사망을 보장한다고 생각하면 된다.

생명보험사의 사망보험금은 법적으로 15세 미만은 가입이 불가하다. 이유는 과거에 사망보험금을 노리고 아이들을 대상으로 한 보험사기와 범죄율이 높았기 때문이다. 따라서 아이들은 일반사망이 아니라 암진단비나 재해사망 등을 주계약으로 하는 상품에 가입이 가능하다.

손해보험사

손해보험사는 화재보험, 자동차보험같이 주로 재산 상의 손해를 보상하는 회사이다. 근래는 생명보험사와 동일하게 사람의 신체를 보장하는 상품을 주로 판매하며 생명보험사와 손해보험사의 경계가 많이 흐려지고 있는 상황이다.

그럼에도 손해보험사가 절대 동일하게 판매할 수 없는 것은 바로 '일반사망'이다. 따라서 손해보험사는 사람의 사망을 상해와 질병으로 나누어서 보장한다. 그 말은 즉, 상해사망과 질병사망이 아닌 다른 사유로 사망할 경우에는 보험금 수령이 어렵다는 얘기이다.

생명보험사와 손해보험사는 약관상 장단점이 명확하기에 어느 한쪽이 더 우세하다고 절대 말할 수 없다. 따라서 보험 가입 시 생명보험사와 손해보험사 별로 각 장점을 적절히 나누어 가입하는 것이 가장 현명하다. 보험뿐만 아니라 모든 금융상품에 옳고, 좋고, 나쁜 상품은 절대 없다. 단지 나의 상황에 더 유리한 상품이 어떤 것인지를 판단할 수 있도록 여러 가지의 상품들이 존재할 뿐이다.

CI보험은 중대한 질병을 진단받거나, 중대한 수술을 받게 될 때 사망 시 받는 사망보험금 중 일부를 미리 진단비처럼 쓸 수 있도록 지급해 주는 보험이다. 사망보험금에 몇 %를 미리 지급받을지는 가입 시 상품에 따라 선택할 수 있으며 대부분 50% 또는 80%를 선 지급받을 수 있도록 가입한다. 그렇다면 대체 왜 CI보험을 해지하라고 할까?

그 이유는 진단비와 사망의 용도를 하나로 충족시킬 수 있게 만든 상품의 특성 상 사망보험금만 가입하는 경우에 비해 보험료가 조금 더 비싼 경우들이 있다. 또한 선 지급 사유에 해당하는 질병들이 보험금을 수령하기에 매우 드물고 어렵기 때문이다. 단, 암을 제외하고 말이다.

상품과 약관에 따라 다르지만 대부분 중대한 암, 중대한 뇌졸중, 중대한 급성심근경색, 말기간질환, 말기신질환, 말기폐질환 등 보기만 해도 엄청 드문 질병들이다. 단, 암은 중대한 암이라고 말하지만 결국 일반암 진단비와 동일하다. 암은 한국인의 3대 사망 원인 중 1위인 만큼 암진단비는 받을 확률이 높다. 그렇기에 무조건 설계사의 말만 듣고 CI보험을 나쁘다고 생각해 해지하기보다는 지금 가지고 있는 CI보험이 내가 다시 암진단비를 가입하였을 때, 내가 다시 사망보험금을 가입하였을 때 각각 납입해야 하는 보험료 대비 비효율적인지, 사망보험금이 필요한지 아닌지 등 가입 목적과 용도, 보험료 등을 종합적으로 고려해 보아야 한다.

갱신 vs 비갱신,
무엇이 정답일까?

보험에는 정답이 없다. 각자의 상황, 나이, 경제 수준, 집안의 유전력, 나의 건강 상태 등 여러 요소를 감안하면 본인에게 맞는 보험은 모두 다르다. 물론 각자에게 맞는 보장 내용도 모두 다를 수 있다. 따라서 갱신형과 비갱신형 사이에도 정답이란 없다. 옳고 그름이나 더 우위에 있는 금융상품이란 존재하지 않는다. 내 상황이나 나의 판단이 나에게 더 적합한 상품의 기준을 판단할 뿐이다.

갱신과 비갱신의 차이점, 장단점을 알고 나의 생황에 맞다고 생각하는 것이 정답이다. 어떤 사람은 갱신형, 어떤 사람은 비갱신형, 어떤 사람은 둘 다 섞는 것이라고 생각할 수도 있다. 보험설계사는 금융소비자보다 단지 보험에 대해 조금 더 알고 조언자의 역할을 해 줄 뿐, 결정은 금융소비자 본인이 하는 것이다. 보험은 한 달 보험료로만 보고 쉽사리 판단하여 해지하고 다시 가입하는 것을 반복하는데 총보험료를 생각하면 몇천만 원의 상품을 몇십 년의 할부로 사는 것과 다름없다. 두 유형이 어떤 차이와 특징을 가지고 있는지 알아보자.

갱신형

* 보험가입 시 일정기한을 약속하여 그 기한까지 도달하면 물가상승과 화폐가치, 그리고 앞으로의 손해를 감안해 보험료가 주기적으로 변동되는 상품이다.
* 납입 시 비갱신형보다 저렴하다는 장점이 있다.
* 주기적으로 보험료가 올라가고 만기가 주로 80세 또는 100세로 은퇴 후에도 보험료를 내야하는 상황이 올 수 있다.

비갱신형

* 보험가입 시 약속한 납입기간과 만기, 보험료가 변동없이 유지되는 상품이다.
* 갱신형보다는 금액이 높다.
* 납입기한이 정해져 있어, 빨리 가입할수록 빨리 납입을 종료할 수 있다.

	갱신	비갱신
보험료 변동 여부	O	X
상대적 보험료 차이	저렴	비쌈
보험료 납입기간	평생	정해진 기간

갱신형 비갱신형에 대한 부분은 개인적인 주관마다 다르다. 그러나, 연령이 높아지면 비갱신형은 보험료 측면에서 비효율적일 수 있

다. 어떻게 가입하는 것이 이득일지 결정하기 힘들다면 내가 동일한 보장을 각각 갱신형과 비갱신형으로 가입할 때 납입하게 되는 총 보험료를 계산해 보는 것도 하나의 방법일 수 있다. 무조건 싸다고 좋은 것만도 아니고 비싸다고 좋은 것만은 아니다. 세상에 공짜는 없다. 가격에 홀리지 않고 어떤 것이 더 유리한지 현명한 판단을 할 수 있는 금융소비자가 되길 바란다.

내 보험은 어떨까?
보험증권 보는 법

보험에 가입하고 나면 보험 가입자는 담당 보험 설계사로부터 가장 마지막 단계에 보험 가입을 증명하는 보험증서를 전달받는다. 우리는 이것을 '보험증권'이라 부른다. 그렇다면 보험증권은 어떤 내용으로 이루어져 있을까?

보험증권은 내가 원하는 특약을 선택해서 이것저것 넣어 가입한 다음, 그 내용을 정리해서 주는 문서이다. 내가 어떤 담보를 얼마를 가입하였는지, 그리고 그 담보는 어떤 경우에 지급을 해주는지를 알 수 있는 문서인 것이다. 집으로 비유하자면 주소 소유자 금액 등이 나와 있는 집문서와 동일하다. 문제는 이 증권을 보더라도 전문적인 보험용어가 너무 어렵기 때문에 내용을 이해할 수 없다는 것이다. 물론 일부는 가입을 도와준 설계사에 대한 믿음으로, 또는 납입하고 있는 보험료에 대한 믿음으로 어느 상황에나 보험금이 나올 것이라고 생각하고 들여다보지 않는 경우도 있을 것이다.

그러나 보험은 위험한 순간에 나의 자산을 지키는 유일한 금융상품이며, 그 어떤 금융상품도 해낼 수 없는 독보적인 '자산 지킴이'의 역할을 한다. 그렇기에 어느 경우에 해당하든 가입 후 증권을 살펴보지 않고 방치하는 경우는 매우 위험하다. 자칫하면 열심히 매달 보험료를 납입했음에도 보험의 순기능을 활용하지 못하는 경우가 생길 수 있기 때문이다. 몰라서 보험금 못 받는 경우도 정말 많다. 오늘은 그런 상황을 방지하기 위해 방 한구석에 묵혀 놓았던 증권을 꺼내서 함께 해석해 보자.

보험증권 해석하기

계약자와 피보험자, 수익자는 각각 다를 수도 있고 모두 동일할 수도 있다. 이는 계약 체결 시 계약자가 각각 지정이 가능하며, 체결 후에도 변경이 가능하다. 예를 들어 계약자는 엄마, 피보험자는 자녀, 수익자는 아빠 다르게 지정해 놓을 수도 있고, 계약자는 자녀 피보험자는 엄마, 수익자는 자녀 이렇게도 지정할 수도 있다. 계약자가 지정하기 나름이며 옆의 예시에서는 모두 동일인으로 지정되어 있다. 예시는 20년 동안 계약자가 납입하고 100세까지 보장받을 수 있는 계약이다. 납입 면제는 예를 들어 30년을 납입하고 100세까지 보장받는 보험을 계약한 사람이 10년째 열심히 납입하던 도중에 납입면제 사유가 발생했다면 남은 20년은 보험료 납입을 보험사가 대신해 주고 100세까지 보장은 받을 수 있는 기능이다. 뒤에 나올 예시로 보면 보험료를 납입하는 20년 안에 납입면제 사유가 발생했을 시 남은 기간 보험료에 대한 납입을 면제해 주고 보장은 그대로 100세까지 받을 수 있다.

계약자	윤길동	보험계약을 체결한 자사람로 계약에 대한 대부분의 권한을 갖는 사람을 말한다. 따라서 보험료 납입의 의무 또한 계약자에게 부여된다.
피보험자	윤길동	상해나 질병 등으로 신체에 피해를 입었을 때 보험을 적용 받는 자사람이다
보험금 수익자	윤길동	보험으로 수익을 얻는 자사람이다. 즉, 보험금을 받는 사람이다.
보험료	102,345원	계약자가 매달 보험회사에 내는 돈을 말한다.
보험금	100,000,000원	피보험자에게 보험금 지급 사유가 발생했을 때 보험계약에 따라 보험회사로부터 수익자가 받는 돈이다. 증권에서는 가입금액이라고 기재되어 있는 부분이 보험금이다.
계약사항	20년납 / 100세 만기	보험료를 회사에 내야하는 기간과, 피보험자가 보장받을 수 있는 기간 등이 명시되어 있는 부분이다. 납입기간은 계약자가 보험료를 몇 년 동안 납입해야 하는지 확인이 가능하고, 가입기간은 피보험자가 몇 세또는 몇 년 까지 보험을 보장 받을 수 있는지 확인이 가능하다.
납입면제	유	말 그대로 납입을 면제 해주는 기능으로 피보험자가 보험료 납입 기간 중 보험사에서 약정 한 질병 및 상해조건을 진단 받았을 때 보험료 납입을 대신 해주는 경우를 말한다. 납입면제의 조건은 보험사마다, 상품마다 다르기에 가입 시 꼭 체크해 보아야 한다.

저축 / 투자 / 은퇴 / 보장

보험증권을 참고하여 보험금 계산해 보기

암진단비	5,000만 원
암수술비	600만 원
항암방사선약물치료비	1,000만 원

위 보험을 가진 사람이 대장암 진단 후 수술 1회, 항암방사선약물치료 1회를 받았다고 가정해 보자. 이 사람이 받을 수 있는 보험금은 얼마일까? 암진단비 5,000만 원 + 암수술비 600만 원 + 항암방사선약물치료비 1,000만 원 = 6,600만 원이다. 이렇게 실손의료비보험 이외에 확률적 통계에 근거하여 적절하게 보장되는 보험을 갖고 있다면 최소로 저축한 돈으로 병원비를 내는 일이 발생하지 않을 것이다.

30살도 가능한 어린이보험

우리가 흔히 말하는 어린이의 나이는 몇 살까지일까? 보험에서의 어린이는 무려 30살을 기준으로 한다. 30살에게 어린이보험은 충분히 낯설 수 있다. 그럼에도 우리가 어린이보험에 가입해야 하는 이유는 무엇일까?

보험 나이 알아보기

보험에서 적용하는 나이는 흔히 사용하는 나이와 만 나이와도 다르다. 보험 나이가 올라가는 날을 '상령일'이라고 하며, 보험 나이의 기준은 자신의 생년월일에 6개월을 추가하면 된다. 보험 나이 증가에 따른 보험료 변동은 보험료 산정에 있어 매우 중요한 요소이다. 밑의 예시를 살펴보자.

<예시> 보험 나이
2022년 기준 92년 7월 16일생 → 한국 나이 31살
보험 나이 30세 → 2023년 1월 16일 보험나이+1살

어린이보험의 장점은 무엇일까

	어린이보험	성인보험
보험료	상대적으로 저렴	상대적으로 높음
면책기간	면책기간 없음	면책기간 있음
감액기간	감액기간 없음	감액기간 있음
납입면제	범위가 넓음	범위가 좁음

* 성인 대비 보험료가 저렴하다

성인 보험은 가입하는 연령층의 폭이 다양한 데 비해 어린이 보험은 가입하는 연령층이 0~30세로 한정되어 있다. 통계적으로 질병에 의해 의료비 지출이 증가하는 나이는 나이가 어릴 때보다 나이가 많은 노인연령층이기에 당연히 보험사에서는 높은 연령층의 가입이 증가할수록 위험부담도 증가하게 된다. 즉, 이 위험도가 보험료와 밀접한 관계가 있다고 생각하면 되기에 어린이보험이 어른보험보다 상대적으로 저렴할 수밖에 없다.

* 면책/감액기간이 없다

성인 보험의 경우 3대 질병을 비롯한 주요 질병 및 수술 담보에 대해 면책기간과 감액기간이 존재한다. 성인 보험에 비해 어린이보험이 보험료가 저렴한 이유와 같은 맥락으로 보험사에서는 어린이보험에 대해 손해를 낮게 평가한다. 따라서 어린이보험의 또하나의 장점이 바로 면책기간과 감액기간이 없다는 것이다.

✳ 납입면제 범위가 넓다

납입면제 시 보장 기간은 변동되지 않으며 납입면제의 조건은 회사와 상품별로 상이하지만 대체로 성인보험의 경우 일반암_{유사암 제외}, 급성심근경색, 뇌졸중, 80% 이상 후유장해라면 어린이보험의 경우 일반암_{유사암 포함}, 허혈심장질환, 뇌혈관질환, 50% 이상 후유장해로 납입면제의 범위가 더 넓어 조건이 더 유리하다.

잠깐! 　　생명보험사 어린이보험의 함정

같은 어린이보험이라도 손해보험사의 어린이보험과 생명보험사의 어린이보험은 확연한 차이가 있다. 생명보험사의 주계약은 손해보험사와 다르게 일반사망으로, 가장 포괄적인 사망보험금이 포함된다. 그런데 우리나라는 법적으로 만 15세 이하 어린이는 사망보험금을 가입이 제한되어 있어 만 15세 이하 어린이는 생명보험사의 상품에 가입할 수 없다. 이 점을 고려하여 생명보험사의 어린이보험은 주계약이 암 진단비 등으로 구성되어 있는데, 상대적으로 보험료가 높은 일반사망 보험금이 없음에도 불구하고 보험료가 저렴하지 않은 편이다. 또, 어린이보험의 장점 중의 하나가 넓은 납입면제 범위인데, 생명보험사의 어린이보험은 손해보험사의 어린이보험처럼 납입면제범위가 넓지 않다. 그러므로 보장이 필요해 어린이보험을 찾는다면 생명보험사 보다는 손해보험사의 어린이보험을 추천한다.

실손의료비보험의
변천사

보건복지부 자료에 따르면 2020년 기준 실손의료비보험 가입자는 3,900만 명. 전체 인구의 75%가 가입하고 있는 대표 보험이다. 대한민국 대다수가 의무 가입이 아닌 실손의료비보험을 자발적으로 가입하는 이유는 무엇일까?

평생 단 하나의 보험만 가입해야 한다면? 실손의료비보험

우선 실손의료비보험에 대해 정확하게 이해해 보자. 실손의료비보험이란 병·의원 및 약국에서 실제로 지출한 의료비·약제비를 보상해 주는 보험으로, 흔히 줄여서 '실비보험'이라고 많이 이야기한다. 실손의료비보험은 실손과 의료보험이 합쳐진 단어로 우리가 실제로 지불한 손해액만큼 보상해 주는 보험이라고 이해해 볼 수 있겠다. 그렇다면 수많은 보험 중에서 실손의료비보험이 가장 기본이 되어야 하는 이유는 무엇일까?

실손의료비보험은 우리가 태어날 때부터 사망할 때까지 아프거나 다쳤을 때 대부분의 치료 비용을 보장받을 수 있는 가장 폭넓은 보험이기 때문이다. 실손의료비보험은 몇몇 약관상 보장에서 제외되는 경우임신/출산 관련 질환, 미용을 목적으로 하는 성형, 보조기구 등를 제외하고는 대부분의 의료비를 보장해 준다. 간단한 감기부터 고액의 치료비가 발생하는 질병과 상해에 이르기까지 현존하는 보험 중 가장 폭넓은 보험이기 때문에 삶을 살아가면서 꼭 필요하다고 이야기할 수 있다.

대한민국에서 의무가입인 국민건강보험에서 지원하지 않는 비급여 항목을 실손의료비보험에서 보상받을 수 있기 때문이다. 국민건강보험은 국가에서 운영하는 보험으로 매월 보험료를 납입하고, 병원과 약국 등에서 의료서비스를 이용하면 발생하는 비용을 지원해 준다. 그런데 국민건강보험은 급여 항목만 지원이 가능하고, 비급여 항목에 대해서는 지원이 불가능하다. 그래서 비급여 항목에 대한 치료비는 온전히 환자 스스로가 부담을 짊어져야 한다. 감기 같은 가벼운 질병은 큰 문제가 없겠지만, 암과 같은 무거운 질병에 이른다면 그 부담을 쉽게 감당하기는 힘들 것이다.

실손의료비보험의 구성

우리가 병원을 찾는 경우의 수를 세어보자. 첫 번째, 아파서 가는 경우 우리는 이를 '질병'이라 칭한다. 두 번째, 다쳐서 혹은 사고로 인해 가는 경우. 우리는 이를 '상해'라 칭한다. 또, 이 두 가지 경우의 수를 다시 세분화해 보면 입원하여 치료받는 경우와 통원으로 치료받는 경우로 나눌 수 있다.

실손의료비보험은 이렇게 우리가 병원을 찾을 때 질병으로 인한 입원, 질병으로 인한 통원, 상해로 인한 입원, 상해로 인한 통원으로 총 네 가지 경우의 수에 대해 보장해 주는 담보를 만들어놓고, 각각의 상황에 따라 보상을 해준다고 볼 수 있다.

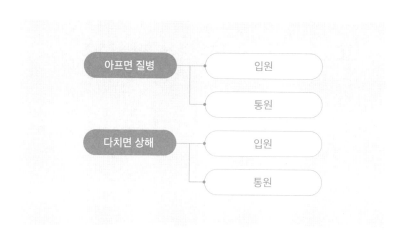

실손의료비보험 차이

실손의료비보험은 출시 이후로 계속해서 변하고 있다. 실손의료비보험은 가입한 시기에 따라 보장 내용과 자기부담금의 비율이 다르게 변화하고 있는데, 이러한 변화는 크게 세 가지로 분류할 수 있다.

＊ 첫째, 갱신 주기가 짧아진다.
＊ 둘째, 보장에 대한 기준이 세분된다.
＊ 셋째, 자기부담금공제액 비율이 높아진다.

　실손의료비보험은 언제 가입했느냐에 따라 세부 보장 내용이 조금씩 상이하다. 가장 기본이기도 하면서 어려운 실손의료비보험을 지금부터 가입 시기별로 어떻게 다른지 살펴보자.

	갱신주기	보장기간	자기부담금 공제액	
1세대 ~ 2009.7	3년/5년	80세/ 100세	**입원**	없음
			외래/ 약제	5천 원
2세대 2009.8 ~2017.3	3년/1년	15년 만기 최대 100세	**입원**	* 급여 10% * 비급여 20%
			통원	* 의원 1만 원, 병원 1.5만 원 상급병원 2만 원 또는 * 급여 10%, 비급여 20%
			약제	* 8천 원 또는 * 급여 10%
3세대 2017.4 ~ 2021.6	1년	15년 만기 최대 100세	**입원**	* 급여 10% * 비급여 20%
			통원	* 의원 1만 원, 병원 1.5만 원 상급병원 2만 원 또는 * 급여 10%, 비급여 20%
			약제	* 8천 원 또는 * 급여 10%, 비급여 20%
			비급여 3종	2만 원 또는 30%
4세대 2021.7~	1년	5년 만기 최대 100세	* 급여 20% * 비급여 30% * 비급여 3종 * 3만 원 또는 30%	

저축 / 투자 / 은퇴 / 보장

✳ 1세대 실손의료비보험 ~ 2009년 7월

2009년 7월 이전에 가입한 실손의료비보험은 1세대 혹은 표준화 이전 실손의료비보험이라고 이야기한다. 1세대의 장점은 자기부담금으로 꼽는데 입원의 경우 환자가 부담해야 할 금액 전액, 통원의 경우 5천 원을 제외한 모든 금액을 보장받을 수 있기 때문이다. 한방병원 입원 치료까지 보장할 수 있지만 통원 치료는 불가능하며, 치주질환도 보장이 불가능하다. 이 점을 제외하고는 가장 보장 범위가 넓다는 것이 큰 장점이지만 그렇기 때문에 보험사의 손해율이 커 보험료가 점점 큰 폭으로 비싸게 갱신된다는 단점이 있다.

✳ 2세대 실손의료비보험 2009년 8월 ~ 2017년 3월

1세대는 같은 시기에 가입했어도 회사마다 보장에 약간의 차이가 있다. 반면 2세대는 금융감독원 주도 아래 모든 보험사의 실손의료보험이 동일한 보장으로 판매되기 시작했다. 1세대가 자기부담금이 없었다면, 2세대부터는 입원 의료비에 급여 10%, 비급여 20%의 자기부담금이 생겼다. 통원의료비 또한 외래와 약제를 합쳐 5천 원만 공제하던 것이 외래 1~2만 원, 약제비 8천 원을 제외한 금액을 보장받을 수 있도록 변경됐다.

✳ 3세대 실손의료비보험 2017년 4월 ~ 2021년 6월

3세대는 1~2세대를 거치면서 발생한 높은 손해율로, 높은 보험료 인상으로 이어지는 단점을 보완하기 위해 출시됐다. 그 차이는, 손해율이 높은 일부 치료를 비급여 3종 특약비급여 주사료, 비급여 도수치료, 비급여 MRI/MRA으로 분리했다. 이 비급여 3종 특약은 입원, 통원

구분 없이 2만 원과 본인부담금 30% 중 큰 금액을 제외한 금액을 보장받을 수 있다. 이후 보험사는 다시 안정적으로 운영할 수 있게 되어 이 시기 이후의 실손의료비보험을 '착한 실손'이라고 부르기도 하며, 또 이 시기부터는 실손의료비보험을 단독상품으로 판매할 수 있게 되었다.

＊ **4세대 실손의료비보험** 2021년 7월 ~

4세대는 계속되는 손해율 악화로 인해 크게 구분했던 입원, 통원의 구분이 아닌 급여, 비급여로 변경하였다. 4세대는 입원, 통원과 관계없이 급여는 20%, 비급여는 30%를 제외한 금액을 보장받을 수 있다. 또한 보험료 할증 제도가 도입되었으며, 이전 실손에서 보장이 불가능했던 불임 관련 질환, 선천성 뇌 질환, 치료가 인정되는 피부질환 등에 대해 보장이 가능하다. 자기부담금 비율은 높아졌지만 보험료는 가장 저렴하여, 과거 본인의 실손의료비 보험료가 부담스럽다면 4세대 전환을 고민해 볼 수 있다.

정액보상과 실손보상의 차이

어떤 보험은 중복으로 나오지 않는 보험이 있고 어떤 보험은 중복으로 여기저기서 나오는 보험도 있다. 대체 무슨 기준일까?

＊ 정액보상

정액보상은 말 그대로 보험계약 시 정해진 액수를 보상해 주는 보험으로 가지고 있는 다른 보험과는 상관없이 지급사유가 발생하면 무조건 각각 지급한다. 우리 신체를 보장하는 보험 중에 실손의료비보험을 제외한 대부분의 보험은 정액 보험이다. 만약 A 보험에서 암진단비 1,000만 원과 암수술비 1,000만 원을 가입하고 B 보험에서 암진단비 3,000만 원과 암수술비 300만 원, C 보험에서 암진단비 1,000만 원을 가입했다면 내가 암진단을 받은 후 수술을 1회 했을 때 받게 되는 총 보험금은 세 개의 보험에 가입금액을 다 합친 6,300만 원이 되는 것이다.

＊ 실손보상

실손보상도 말 그대로 실제 손해 본 금액을 보상해 주는 보험으로 정액보험과는 반대되는 성질을 가지고 있다. 정액보험이 각각 정해진만큼 전부 지급해 준다고 하면 실손보장은 내가 손해본 금액 이상은 지급해 주지 않기 때문에 똑같은 보장내용의 상품을 중복으로 가입할 필요가 없는 상품이다. 만약 중복으로 가입한다면 어떻게 지급이 될까?

내가 A 보험사와 B 보험사에 두 가지 실손의료비보험^{이하 실비}을 가지고 있다고 예를 들었을 때 내가 병원에 납입한 병원비가 50만 원이면 A 보험사 실비에서 25만 원, B 보험사 실비에서 25만 원 이렇게 반씩 나누어 나온다. 나는 매달 보험료를 각각 두 보험사에 납입하는데 보험금은 절반으로 뚝 쪼개 받는다니 청천벽력 같은 소리가 아닐 수 없다. 이처럼 실손보상의 특징을 알고 있다면 똑같은 상품을 두 개씩 가입해서 비효율적으로 보험료를 납입하는 상황을 방지할 수 있다. 보험금이 중복지급 되는지 안 되는지 확인하는 방법은 정액보상인지 실손보상인지 가입 시 체크하면 된다.

자동차보험 vs 운전자보험

운전하는 사람들도 잘 모르는 자동차보험과 운전자보험의 차이. 두 보험을 같은 보험으로 알고 있는 사람들이 많다. 또한 군이 자동차보험과 운전자보험을 다 가입해야 하는지에 대한 의문을 가진 사람도 있고, 자동차보험을 가입하면 모든 상황에서 전부 보장을 받을 수 있다고 잘못 알고 있는 사람도 적지 않다. 하지만 자동차보험과 운전자보험은 한 세트라고 생각해야 한다. 보장범위가 엄연히 다르기 때문이다. 또 하나, 차량이 없더라도 내가 종종 운전을 해야 하는 상황이 생기는 사람이라면 운전자보험은 반드시 가입해야 한다. 운전자보험은 차량 미소유자도 가입이 가능하다.

자동차보험

자동차보험은 내가 차량을 소지하고 있는 소유주라면 반드시 의무적으로 가입해야 하는 보험으로 민사적인 부분을 배상하기 위한 보험이다. 쉽게 생각하면 남을 위해 가입하는 것이다.

담보는 대인배상1, 대인배상2, 대물배상, 자동차상해 또는 자기신체사고, 무보험차상해, 자기차량손해, 긴급출동특약 등이 있는데 이 중 자동차손해배상 보장법^{이하 자배법}에서 규정하여 의무적으로 반드시 가입해야 하는 담보는 대인배상1과 대물배상 2,000만 원이다. 다른 말로 책임보험이라고도 불린다.

* 대인배상1

대인배상1은 말 그대로 상대방의 신체적인 부분을 보상하는 담보로써 부상의 경우 2,000만 원, 사망의 경우 1억 원 내에서 보상을 해주는 담보이다. 장해의 경우 1억 원안에서 장해율만큼 보상을 해준다.

* 대인배상2

대인배상1에서 보장해 주는 금액보다 가입금액을 높이고 싶다면 추가로 가입할 수 있는 담보이다. 대인배상1의 보장 내용에 추가로 5,000만 원, 1억 원, 2억 원, 3억 원, 무한 중에 선택해서 가입이 가능하다. 인사사고에서 쓰이는 담보인 대인담보는 나와 상대방 전부를 위해 가입금액을 무한으로 준비하길 권장한다. 사고가 났을 때 상대 차량에 탑승하고 있는 인원이 몇인지, 또는 몇 중 추돌사고 일지 사고가 날지 안 날지조차 우리는 알 수 없다.

* 대물배상

대물배상은 상대방의 차량 및 재물을 보장하는 담보로써 의무가입금액은 최저인 2,000만 원이다. 이 대물 담보는 현재 최고액으로 가입할 경우 10억 원까지 가능한데 만약 사고 시 상대방의 차량을 배상해야 하는 경우에 내가 가입한 대물배상 금액보다 수리비가 더 많이 청구된다면 차액은 나의 사비로 부담해야한다. 대부분 한도 설정을 보면 가입 시 보험료 때문에 3억 원 미만으로 가입되어 있는 경우들이 많은데 사실 3억과 10억의 보험료 차이가 크게 나지 않는다. 차량이나 피보험자에 따라 상이하겠지만 단돈 2만 원 내외 수준이고 월로 환산하면 약 1~2천 원 수준이다. 고가의 차량과 사고가 날 경우 또는, 내가 N중 추돌사고의 최초 책임자가 될 경우 3억 원 미만으로 충분할까? 현명한 금융소비자라면 넉넉하게 준비해 둘 것을 권장한다.

✳ 자동차 상해와 자기신체사고

자동차 상해와 자기신체사고는 보험 가입 시 둘 중 한 가지의 담보만 선택하여 가입이 가능하다. 자동차 상해와 자기신체사고는 쓰이는 경우는 동일한데 보상 방식이나 보상 범위가 다르다. 자기신체사고는 보험사에서 약관상 정해 놓은 부상등급에 따라 정해진 정액의 보험금이 지급되는 구조이며, 자동차상해는 사고 시에 휴업손해비용, 위자료, 치료 비용 등이 전부 산정되어 보험금이 지급된다는 차이가 있다. 또한, 자기신체사고는 동승자도 가족에 한해서만 보장이 되는 반면 자동차상해는 동승자의 범위에 제약을 두지 않고 보장을 한다는 차이도 있다.

보상범위가 더 넓기에 당연히 담보는 자기신체사고에 비해 자동차상해가 조금 더 비싼 경향이 있다. 자세한 내용을 모르는 사람들은 다이렉트로 가입 시 보험료 차이만을 보고 자기신체사고를 선택하는데 담보를 사용할 상황이 오면 제대로 보상을 받기 위해 자동차상해 담보를 선택하여 가입하길 권장한다.

	자동차상해	자기신체사고
사망 시	보험가입금액 내 장례비, 자료, 상실수익액 지급	증권에 기재된 사망보험금 가입금액 지급
후유장해 시	가입금액 내 위자료, 상실수익액 지급	보험가입금액 내 후유장해 등급 별 보험금액 지급
부상 시	가입금액 내 상해급수 별 한도 이 치료비, 위자료, 업손해, 기타손해배상금 등 지급	해당 상해급수 별 한도 내 실제 치료비만 보상

＊ 무보험차상해

무보험차상해란 무보험자동차나 뺑소니차에 의해 상해를 입었을 경우 보상해 주는 담보로 피보험자의 가족까지 담보 혜택을 누릴 수 있다. 여기서 '무보험차'에 해당하는 차량은 단순히 자동차보험 미가입 자동차뿐 아니라, 의무보험만 가입되어 있거나 운전자 또는 연령 한정 특약 위반으로 대인배상1만 보상해 줄 수 있는 자동차까지 전부 포함한다. 무보험차상해 담보에 가입할 경우 운전 중과 보행 중 등 어느 상황이든 관계없이 무보험차에 의해 사고가 발생하면 나의 보험사에 해당 특약으로 먼저 실제 소요된 치료비, 위자료, 휴업손해 등을 산정하여 지급받을 수 있다. 그리고 내 보험사는 후에 가해자에게 구상권청구를 하여 나에게 지급한 금액을 돌려받는다. 혼자 가해자랑 해결하는 것보다 편리하게 처리할 수 있다는 장점이 있다. 무보험차 상해는 대물은 불가하며 대인보상에 한해 처리되는 점은 참고해야 할 사항이다. "누가설마 자동차보험을 책임보험만 가입하겠어."라고 생각하지만 경우에 따라 간혹 선택권 없이 책임보험만 가입이 되는 차량도 적지 않다. 자동차보험에 가입할 때 반드시 내가 챙겨야 하는 담보 중 하나이니 꼭 체크해 보길 바란다.

* 다른자동차운전담보특약

자동차보험에 가입되어 있는 자신의 차량이 아닌 다른 차량을 운전하다가 사고를 낼 경우 다른 자동차운전담보특약에 가입 시 타 차량을 내 차량으로 간주하여 내 자동차보험에서 내가 가입한 금액 내로 사고처리를 할 수 있는 특약이다. 무보험차상해에 가입 시 해당 특약도 자동으로 가입된다. 무보험차상해담보는 그 기능도 중요하지만 이 담보가 함께 가입된다는 것에 대한 장점도 있다. 단, 해당 담보는 타 차량을 내가 주차하던 상황이나 정차 중에 사고가 난 건에 대해서는 보장이 제외되는 등 사용할 수 있는 범위가 제한적이다. 내가 해당특약이 있다고 해서 무조건 다른 차량을 운전하다가 낸 사고도 보장된다고 막연히 생각했다가 곤란한 상황이 생길 수 있으니 주의해야 한다.

* 자기차량손해

가입자가 차량을 운전하다가 상대방 없이 단독사고를 내거나, 화재, 폭발, 도난 등으로 차량이 파손되었을 때 이에 대한 수리비를 지급받는 담보이다. 쉽게 말해 내 차를 파손한 주체가 다른 사람의 차량인 경우를 제외한 모든 경우라고 생각하면 쉽다. 단, 자기차량손해 담보를 이용해서 보험금을 수령할 경우 할증기준액을 넘긴 금액을 보상 받는다면 다음 갱신 시 나의 보험료가 할증될 수 있다. 이를 고려해서 더 나에게 이득이 되는 쪽으로 사고 시

처리하면 된다. 할증기준액은 가입 시 100만 원 또는 200만 원 중 본인이 직접 선택할 수 있다.

혹시나 차가 폐차를 고려할 정도의 수준으로 파손될 수도 있다. 이럴 때도 자기차량손해 담보를 이용하여 차량의 금액을 받고 차를 폐차시키는 경우가 있는데 이런 경우를 우리는 흔히 '전손처리'를 한다고 표현한다. 차량 전손처리 시 받는 차량 금액은 무조건 내가 차를 처음 산 가격이 아닌, 매해 자동차보험 가입 시 옵션을 포함해서 차량을 구매한 총 금액 중 감가상각하여 차량가액을 산출하는데 산출된 이 차량가액에서 내가 '자기차량손해'에 등록해 놓은 차량가액률만큼만 받을 수 있다. 그렇기 때문에 자기차량손해 가입 시에는 차량가입금액을 100%로 설정해 두어야 한다. 또한 전손처리를 제외하고 자기차량손해 처리를 할 경우 내가 부담해야 하는 일정 자가부담금도 있다. 자가부담금에 대한 정보는 증권에 기재되어 있으며 2022년 기준으로 현재 정해져 있는 자가부담금은 손해액의 20~30%이다가입 시 둘 중 선택 가능. 단, 최소금액과 최대금액이 정해져 있는데 최소금액은 20만 원, 최대 금액은 50만 원이다.

* 긴급출동특약

보험사마다 가입 시 선택할 수 있는 추가담보 중에 '긴급출동특약'이라는 담보가 있다. 말 그대로 차량 고장 또는 파손 시 긴급 출동해서 견인 또는 조치를 해주는 특약이다. 예를 들면 연료가 떨어져서 차가 멈췄을 때, 배터리가 방전되어 시동이 걸리지 않을 때, 사고 시 운전을 할 수 없을 만큼 차량이 파손되어 정비소로 견인이 필요할 때 등 출동해 주는 서비스다. 이 긴급출동 특약은 긴급견인거리^{추가비용이 발생하지 않는 거리}와 1년간 추가 비용이 발생하지 않고 출동해 주는 횟수, 그리고 비상급유^{연료} 횟수 등을 선택해서 가입할 수 있다. 아래 예시의 증권에서는 긴급출동거리를 기본 10km에서 60km로 늘려서 가입한 경우이다. 이처럼 내가 평소에 장거리 운전을 많이 한다면 추가로 가입 거리를 늘릴 필요가 있다. 이 또한 보험료가 크게 차이 나지 않는다.

자동차보험 또한 특약을 하나하나 살펴보면, 평소에 내가 운행하는 거리 및 운전 습관 환경 등에 따라 신경 써서 가입하는 것이 중요하다. 자동차보험에도 따로 추가로 가입할 수 있는 특약들이 정말 많다. 입원특약, 상해 간병비 사망담보특약 등 운전자의 환경이나 특징에 따라 필요할 수 있는 특약들이 보험사별로 상이하지만 굉장히 많다. 그럼에도 불구하고 살피지 않는 것은 나의 선택지를 스스로 포기하는 것과 마찬가지다. 일반적으로 대부분 나는 사고 나지 않을 것이라는 안일한 생각과 가입을 거부할 수 없는 의무보험이고 담보가 이것저것 어려워서 그냥 다이렉트로 제일 저렴한 보험으로 가입하는 경우가 많은데 그러다 믿었던 내 자동차보험에 발등 찍히는 경우가 생길 수 있다. 이젠 자동차 보험 하나도 직접 체크해 보고 똑똑한 금융소비자로 거듭나자. 명심하자. 보험사는 절대 모든 것을 다 책임져주지 않는다. 결국 사고의 책임은 나의 몫이다.

특약 예시

계약자	피보험자	보험 기간	
김○○	김○○	2022.02.02~2023.02.02	
대인배상1	1인당 무한	**대물배상**	1사고당 10억 원 의무담보포함
대인배상2	자배법에서 정한 금액책임보험	**자동차상해**	1인당 사망/후유장해 5억 원 한도/부상 3천만 원 한도
		무보험차상해	1인당 2억 원 한도
자기차량손해		**긴급출동특약**	
차량가입금액 1,300만 원 자기부담금: 피보험자동차에 생긴 손해액의 20%최소 20만 원, 최대 50만 원		연 6회, 60km한도 이상 거리 발생 시 거리에 따른 추가요금 발생. 단, 비상급유 2회	
물적사고할증기준액: 200만 원 다른자동차운전담보특약		자기차량손해보장확대특약 보험대차운전중사고보상특약	
특약 사항		**최저 연령자**	
만 26세 이상/최저연령자 26세		박○○ 1996.01.0 부부한정	

자동차보험 할인 받는 꿀팁

자동차보험도 할인이 가능하다. 처음에 알아본 제일 저렴한 보험사가 할인 적용에 따라 나에게 가장 저렴하지 않을 수도 있다는 말이다. 자동차보험도 우리가 인터넷에서 물건 살 때 사이트별로 가격을 비교하고 쿠폰, 카드 할인, 포인트 적립 등 이것저것 따져보고 구매하는 것과 동일하다. 나에게 해당되는 할인이 최대한 많은 보험사가 어디인지도 따져볼 수 있다. 예를 들어 나는 차량이 있지만 자주 탑승하지 않는다면 주행거리에 따라 환급해 주는 특약을 선택하는 것이 유리할 수 있고 내가 주로 특정한 내비게이션 앱을 이용한다면 특정 내비게이션 앱에 측정된 안전운행점수로 할인되는 보험사도 있을 수 있다. 모든 특약은 보험사별로 특약 종류 및 조건이 상이할 수 있으니 원하는 보험사에 개별적으로 직접 확인하는 것이 필요하다. 자동차보험 할인 받는 법에는 어떤 것들이 있을까?

＊ 마일리지할인특약

1년 동안 주행한 거리에 따라 환급받는 특약이다. 거리에 따라 환급률이 다르고, 보험사마다 환급률이 다르니 정확한 환급률 확인은 가입을 원하는 보험사에 따로 문의해야 한다. 운행을 적으면 사고가 발생할 확률도 함께 줄어들기에 적용해 주는 특약으로 자동차운행이 적은 편인 운전자들이 필수로 가입하는 할인 특약이다. 가입 시 주행거리가 표시된 계기판 사진을 제출해야 한다.

＊ 블랙박스특약

차량에 블랙박스를 장착할 시 적용해 주는 할인 특약이다. 요즘은 거의 없는 차량이 없는 만큼 필수적인 할인특약으로 가입 시 블랙박스가 부착되어 있는 사진을 제출해야 한다.

✻ 자녀할인특약
임신 중이거나 만 5~9세 자녀가 있으면 할인되는 특약이다.

✻ 대중교통이용할인특약
대중교통을 자주 이용하는 가입자에게 유용한 특약으로 최근 몇 개월 이내 대중교통 이용금액에 따라 할인해 주는 특약이다.

✻ 교통안전교육이수특약
만 65세 이상 운전자가 교통안전교육을 이수하면 할인해 주는 특약이다.

✻ 승용차요일제특약
평일 하루를 운전하지 않는 요일로 지정 후 해당 요일에 특정일 수 이하로 운전하면 할인해 주는 특약이다.

✻ 안전운전특약
내비게이션으로 평가한 안전점수에 따라 할인해 주는 특약이다.

✻ 첨단안전장치장착특약커넥티드카
차량 출고 시 전방충돌방지장치와 차선이탈방지장치가 모두 장착되어 있다면 적용이 가능한 할인특약이다.

✻ 티맵안전운전할인특약/uvo할인특약

내비게이션 앱인 티맵을 이용해서 안전운전 점수가 70점 이상이거나 기아 및 현대차 이용자는 자체 운영하는 uvo 서비스를 이용해서 안전운전 점수를 충족할 경우 할인해 주는 특약으로 위에 안전운전특약과 비슷하다.

✻ 무사고할인특약

최근 3년 이상 연속으로 사고 없이 운행한 경우 할인해 주는 특약이다.

✻ 전자매체특약

이메일이나 모바일로 증권 및 계약관련 자료를 받으면 할인해 주는 특약이다.

자동차보험 가입하는 TIP

· 대인은 무한으로 가입하자
· 대물은 10억한도로 가입하자
· 자기신체사고가 아닌 자동차상해로 가입하자
· 무보험차상해는 필수로 가입하자
· 긴급출동특약도 내가 장거리운전이 잦다면 거리를 늘려 가입하자
· 자기차량손해도 꼼꼼히 살펴서 가입하자
· 그 외 기타특약도 보험사별로 꼼꼼히 살펴 나에게 맞는 것이 있는지 확인해 보자
· 받을 수 있는 할인특약은 알뜰하게 다 받자

최근 전기차를 구매하는 소비자가 늘어남에 따라 기존 자동차보험을 가입하면 되는지 전기차 전용보험이 있는지에 관한 문의가 적지 않다. 내연기관차량과 전기차는 아무래도 차량 구조에 다른 특징이 다르다 보니 수리 비용과 긴급출동 서비스 견인 거리 등에서 차이가 있기 때문이다. 특히 전기차는 방전 시 근처에 충전소가 없을 경우 장거리로 견인 서비스 등을 이용해야 하는 상황이 생길 수 있는데 약속된 견인 거리를 넘기게 되면 차량 주인이 추가로 견인 비용을 부담해야 한다. 또한 전기차는 배터리가 전기차 가액에 30~40%를 차지하는 만큼 굉장히 중요함에도 불구하고 처음에 이 배터리 교체 비용 관련하여 보험사에서 전액 보상해 주지 않아 갑론을박이 많았다. 하지만 금융감독원에서 전액 보상을 권고하면서 각 보험사에 전기차 배터리 신품 가액 보상 특약이 만들어졌다. 전기차를 이용하는 사람이라면 이 특약과 함께 주행거리특약을 이용할 수 있는 거리가 최대 몇 km까지인지 확인해 보아야 한다.

운전자보험

운전자보험은 나의 과실로 타인을 사망하게 하거나 중상해에 이르게 했을 경우 발생할 수 있는 형사적인 책임 비용을 보상해 주는 보험이다. 자동차보험이 민사적인 책임을 위해, 남을 위해서 필요하다고 하면, 운전자보험은 나를 보호하기 위해 필요하다고 말할 수 있다. 자동차보험과 운전자보험이 같은 보험이라고 혼동하는 사람들이 많은데 엄연히 다르다. 자동차보험은 차량이 있어야 가입이 가능하지만, 운전자보험은 나를 보호하는 보험으로 차량이 없어도 가입이 가능하다. 또한 자동차보험은 의무지만 운전자보험은 선택이다. 하지만 운전을 하는 사람이라면 자동차보험과 세트로 의무적으로 가입하길 권장한다. 운전자보험의 필수담보를 알아보자. 운전자보험의 필수담보는 이렇게 네 가지로 볼 수 있다.

* 교통사고처리지원금 형사합의금
* 변호사선임비용
* 대인벌금
* 대물벌금

자동차보험에는 대인배상 대물배상이다. 배상해 주는 금액과 법에 의해 벌금으로 납입하는 담보로 엄연히 다름을 헷갈려서는 안 된다. 그리고 운전자보험에서 내 신체를 책임져 주는 운전자보험의 꽃, 바로 자동차부상치료비가 있다. 각 담보들을 급수별로 따져서 가입하는 것이 중요하다. 각 담보들은 어떤 역할을 할까?

구 명칭은 형사합의지원금으로 피해자를 사망하게 하거나, 12대 중과실로 피해를 입힌 경우 또는 일반 교통사고로 검찰에 기소되는 상황, 스쿨존에서 만 13세 미만인 피해자와 사고가 나서 42일 미만 치료를 요한다는 진단을 받은 경우에서 내가 형사합의금을 물어줘야 하는 상황이 생겼을 때 기준별 한도로 지급하는 담보이다. 보험사별로 상이하고 피해자의 치료 주수에 따라 지급되는 금액한도가 다르다. 물론 그 금액 한도 내에서 실제 내가 지급해야 하는 합의금만큼 실손으로 보장된다. 단, 음주운전, 무면허운전, 약물복용운전, 뺑소니 등에는 현재 규정으로써는 보장하지 않는다. 이 경우는 형사합의금이 나와도 전액 보상받지 못하고 나의 사비로 전부 지급해야 한다. 기소되어서 법원의 공탁하는 경우, 공탁금도 보상되며 당연히 고의로 낸 사고에 대해서는 보상하지 않는다.

✻ 변호사 선임 비용

교통사고로 타인의 신체에 상해를 입혀 구속되거나 공소 제기된 경우 혹은 약식 기소되었으나 공판절차에 의한 재판 시 실제로 부담한 변호사 선임 비용을 가입금액의 한도 내 보장하는 담보로 음주, 무면허, 뺑소니 사고는 지급이 불가하다.

✻ 대인벌금

교통사고로 타인의 신체에 상해를 입혀 벌금 확정판결 시 지급되는 담보이다.

* 대물벌금

교통사고로 도로교통법 151조에 따른 벌금형 확정시 500만 원까지 보장해 주는 담보이다.

도로교통법 151조

차 또는 노면전차의 운전자가 업무상 필요한 주의를 게을리하거나 중대한 과실로 다른 사람의 건조물이나 그 밖에 재물을 손괴한 경우에는 2년 이하의 금고나 500만 원 이하의 벌금에 처한다.

<개정 2018.03.27>

* 자동차부상치료비

운전 중인지 보행 중인지에 관계없이 자동차로 인해서 사고가 날 경우 자동차부상등급1~14급에 따라 치료비를 정액으로 차등 지급하는 담보이다. 1급이 가장 심하고 14급이 경미한 부상으로 흔히 가벼운 접촉사고 시 몸의 근육통으로 병원에 갈 경우에도 해당 담보에서는 보험금이 지급된다. 보험사에서는 급수별로 가입금액을 다르게 하기 위해 담보를 여러 개로 나누어 놓았는데, 운전자보험이 1급부터 14급까지 전부 다 지급이 되는 자동차부상치료비가 있는지, 아니면 일부급수만 있는지는 꼼꼼히 확인해 보아야 한다. 현재2022년 기준으로 자동차부상치료비 14급은 최대 50만 원까지 가입할 수 있다.

* 가족 동승 자동차부상치료비

보험사별로 내용은 상이하지만 가족이 함께 동승했을 때 치료비가 나올 수 있도록 가입하는 담보이다. 보험사마다 지급 기준은 다르지만 자녀가 있는 부모라면 필수이다. 운전자보험은 결국 규정이 지속해서 바뀌고 그에 따라 지속해서 보장내용이 변경된다. 작년 화두에 올랐었던 민식이법처럼 법은 지속해서 발의가 되고 최저임금이 오르고 물가 및 인건비가 인상될수록 보장내용이 달라진다. 따라서 운전자보험은 절대 20년납 80세만기, 100만기 등 비갱신형으로 가입할 필요가 없다. 주기적으로 변경될 때 마다 내 운전자보험도 바꿔준다고 생각하고 짧게 10년 납 10년 만기, 20년 납 20년 만기 등 갱신형으로 저렴하게 가입하길 권한다.

잠깐!   2009년도 이전은 정액보상
        현재는 실손보상

현재 운전자보험은 자동차부상치료비를 제외한 나머지 필수담보에 대해 내가 실제로 손해 본 만큼만 보상하는 실손보상의 형태를 갖추고 있다. 하지만 2009년도 이전에 가입한 운전자보험은 변호사 선임 비용이나 형사합의금이 정액으로 보상될 때이다. 물론 가입금액은 현재에 비교하면 현저히 적을뿐더러 대물 벌금 담보도 존재하지 않았지만 변호사선임비용이나 합의금이 얼마가 지출됨에 관계없이 가입 시 약속한 가입금액을 정해진대로 보상하던 상품이다. 2009년 이전 운전자보험 담보를 가지고 있는 사람이라면 해당 담보는 놔두고 부족한 만큼 현재 담보를 그대로 추가하는 것을 고려해 보는 것이 사고 시 더 유리할 수 있다.

1천 원짜리 만병통치약,
일상생활배상책임

손해보험사에는 단돈 1천 원으로 사용할 수 있는 만병통치약이 있다. 바로 일상생활배상책임 담보이다. 일상생활배상책임 ^{이하 일배책} 담보는 담보 이름처럼 피보험자가 일상생활을 하다가 의도치 않게 타인에게 피해를 끼쳐 법률상 배상책임에 따른 손해를 보상해야 하는 상황이 생겼을 때 보장해주는 담보이다. 한도는 인당 1억 원까지 가입이 가능하고 가입 시기별 자가 부담금은 당연히 존재하며, 네 식구가 전부 일배책을 가지고 있다면 총 4억 원의 한도 내에서 보상이 가능하다. 단, 비례보상이 아닌 실손 보상의 특징을 지닌 담보이기 때문에 배상해야 하는 상황이 생기면 담보를 가지고 있는 가족 수만큼 각각 그 배상금액을 나누어서 보상한다.

어떤 상황에서 보상이 될까

Q 우리 집 보일러에서 누수가 발생하여 아래층에 피해가 발생했다. 나의 일배책으로 보상이 가능할까?

A 가능하다. 단, 보험증권에 기재되어 있는 주소여야 하며, 아래층 배상금액에 한해서 지급된다.

Q 친구들과 카페에서 놀다가 실수로 뜨거운 커피를 타인에게 쏟아서 상대방이 화상을 입었다. 나는 일배책이 없는데 부모님의 일배책 담보로 보상이 가능할까?

A 가능하다. 단, 만약 내가 카페에서 일하는 직원으로서 타인에게 화상을 입힌다면 불가하다. 일배책은 업무 중 일어난 사고에 대해서는 보상하지 않는다.

Q 유치원에 다니는 올해 다섯 살 된 아들이 친구와 놀다가 친구를 때려서 상대측 부모가 피해보상을 요구하였다. 나의 일배책으로 보상이 가능할까?

A 일배책은 고의로 폭행할 경우 보상이 불가한 게 원칙이다. 단, 만 12세 미만 아동의 경우는 가능하다.

Q 반려견이 산책 중에 타인을 물어버렸다. 일배책으로 보상이 가능할까?

A 가능하다. 반려견에게 물린 타인의 치료비와 합의금은 일배책에서 지급 가능하다. 다만, 사고 시 상대가 반려견을 자극했는지, 사고가 어디에서 났는지 등에 대한 상황에 따라 과실비율을 산정한

후견주가 반려견을 제대로 통제하지 못한 나의 과실 비율에 따라 지급된다. 추가로, 대인사고 시 자기부담금은 0원이다.

Q 동생이 자전거를 타다가 실수로 주차되어 있는 외제차를 긁어버렸다. 나의 일배책으로 보상이 가능할까?

A 가능하다. 자전거는 도로교통법상 차량에 해당하지 않으므로 일배책으로 지급이 가능하다. 단, 전동 킥보드나 전기자전거와 같은 도로교통법상 차량에 해당하는 이동수단일 경우에는 일배책으로 보상이 불가하다.

Q 내가 친구 아이패드를 이틀 동안 빌려서 사용하다가 실수로 파손되었다. 나의 일배책으로 가능할까?

A 불가하다. 빌린 물건에 한해서는 빌린 기간 동안 소유 및 관리의 책임까지 같이 넘어가므로 불가하며 대여가 아닌 상황의 파손 시에는 가능하다.

Q 내 증권에 일배책 자가부담금이 대물 20만 원, 누수 50만 원으로 기재되어 있다. 가입 후 일주일 뒤 골프모임에 나간 엄마가 의도치 않게 골프채로 일행에게 상해를 입혔다. 내 일배책으로 배상시 나의 자가부담금은 얼마일까?

A 대인배상에 한해서는 자가부담금이 없다.

Q 카페에서 일하는 B씨는 같이 일하는 동료에게 실수로 상해를 입혔다. B씨의 일배책으로 가능할까?

A 불가하다. 일상생활의 조건 중 직업적인 상황 즉, 근무 중에 일어

난 사고에 대해서는 보상이 되지 않기 때문에 사업장에 있는 보험으로 보상받아야 한다.

Q 가족들과 휴가를 갔다가 내 실수로 동생이 상해를 입었다. 내 일배책으로 동생치료가 가능할까?

A 동생은 나와 함께 내 일배책의 피보험자로 속하기 때문에 불가하다.

Q 내가 전동 킥보드를 타고 가다가 사람과 부딪혔다. 내 일배책으로 상대 치료비 보상이 가능할까?

A 불가하다. 전동 킥보드나 오토바이는 약관상 차량으로 분류되기 때문에 따로 전동 킥보드 보험을 가입하여 보상하여야 한다.

내 집 지키는 든든한 화재보험

화재 시에 나의 실수로 인해 나의 집은 물론 다른 집까지 피해를 입게 되면 무조건 나는 배상을 해줘야 할까? 정답은 '그렇다'이다. 특히 요즘같이 빌라나 아파트같이 옹기종기 모여 사는 건물에서 화재가 발생할 경우 빠른 속도로 확산되는 경우가 많은데 이럴 경우 그 많은 집을 내가 직접 다 보상해야 한다고 생각하면 이루 말할 수 없이 끔찍하다. 보상도 해야 하는 상황에서 화재 피해에 따라 검찰 기소를 통해 내가 형사적인 벌금을 포함한 처벌을 받아야 한다면 나는 누가 구제해 줄까? 바로 이럴 경우 나를 보호해 주기 위해 있는 것이 화재보험이다. 화재보험이란, 화재로 인해서 생기는 손해를 보상하는 보험으로 화재 발생 시 형사적인 책임과 민사적인 보상을 하기 위한 보험이다. 또한 우리 집 화재 손해까지 보상이 가능하다.

화재보험은 내 신체를 보장하는 보험이랑 달리 건물을 보장하는 담보인 만큼 가입 시 나의 인적 사항은 물론, 추가로 건물의 정보를 필요로 한다. 건물이 어떤 소재로 되어 있는지, 어떤 업종을 영위하는 시설인지, 몇 층 건물에 몇 층에 위치해 있는지 위층이나 아래층에는 어떤 시설이 들어와 있는지 보장받고자 하는 평수는 몇 평인지, 내가 실거주를 하는지, 세를 주고 있는지 등의 정보가 필요하다. 해당 건물에 용도 및 영위하는 업종에 따라 필요한 담보가 조금씩 달라지고 정보가 다를 시 보험금 지급에 차질이 생길 수 있으니 건물정보는 정확히 보험사에 고지 후 가입하는 게 중요하다.

화재보험은 주체를 계약자와 목적물로 나눌 수 있는데 계약자에는 화재벌금 2,000만 원 2022년 기준이 필수담보이다. 이 화재벌금은 계약자에 속하는 만큼 계약자가 다주택을 가지고 있더라도 한 번만 가입하면 그 다 주택 전부에 적용된다. 목적물이 아니라 바로 '나'인 사람이 가입하는 게 되기 때문이다.

아파트화재보험이 있는데 화재보험에 또 가입해야 할까

아파트 입주 시 관리비에 화재보험 비용이 포함되어 있는 건물들이 굉장히 많다. 화재보험이 가입되어 있다고 하니 따로 가입할 필요 없이 전부 다 보장이 될 거라는 믿음을 가지고 있는 사람들이 있다면 그 생각은 오늘부로 고이 접어두고 아파트 화재보험을 한번 확인해보길 권한다.

대부분의 아파트에 가입되어 있는 화재보험은 아파트 건물 자체에 대한 복구 비용만을 가입하는 경우가 많고 주차장이나 단지 내 도로 등 공용공간은 화재보험을 들지 않고 아파트 건물에 대해서만 보험을 가입하는 경우가 많기 때문이다. 쉽게 말해 화재가 났을 때 아파트 건물에 대한 복구 비용만 보장되고 그 안에 개별적인 가재도구나 재산에 대한 내용까지는 보상되지 않는 경우가 많아 나머지는 내가 전부 사비로 보상해야 하는 상황이 생길 수 있다는 것이다. 또한 화재보험은 세입자도 가입이 가능하다. 집주인도 마찬가지로 내 집을 복구해 놓을 정도로만 화재보험에 가입하는 경우가 많기 때문에 본인이 세입자라도 화재보험은 필수로 가입하는 것이 좋다.

목적물이 주체가 되는 담보에는 어떤 것들이 있을까

✳ **화재손해 건물 및 부속설비** 감가상각 후 지급
화재 및 화재손해에 따른 소방손해, 잔존물제거비용, 피난손해 등을 실손보상 하는 담보이다. 일반 가정집이 아닌 영업용 업장에는 집기비품/시설/동산쌓아 놓는 판매용 재고 등에 따른 담보도 필요하다.

✳ **주택 건물 재조달차액지원** 재조달차액 = 감가상각된 금액
목적물이 화재로 입은 손해중 재조달차액을 보험가입금액 한도로 보상한다. 쉽게 말해 위 화재손해 건물 및 부속설비 담보에서 책정된 감가상각을 지급해 주는 담보로 위 담보와 함께 세트로 가입해야 하는 담보라고 생각하면 쉽다.

✳ **화재배상책임** 대인/대물
타인을 사망하게 하거나 신체에 손해를 입히거나 타인의 재물에 대한 법률상 배상책임을 부담함으로써 입은 손해를 실손 보상하는 담보이다.

✳ **주택임시거주비**
목적물에 화재로 인해 손해가 발생하여 거주할 수 없게 된 경우

원상복구를 위한 기간 중 발생한 임시 거주비를 지급하는 담보이다. 지급 일수에도 한도가 있으니 꼭 확인하고 알아두어야 한다.

* 임대인배상책임

피보험자가 임대해 준 보험증권에 기재된 주택에서 발생한 우연한 사고로 대인 및 대물 배상책임을 부담함으로써 입은 손해를 보상해 주는 담보이다.

* 급배수시설누출손해

보험목적의 급배수시설이 우연한 사고로 누수 또는 방수됨에 따라 목적물에 생긴 손해를 가입한도로 실손보상 하는 담보이다. 해당 담보는 가입이 제한되는 건물이 있는 담보로 가입이 가능한지 불가한지 확인이 필요하다.

* 그 외 가정집이 아니라 특정 업을 영위하는 업장이라면?

가스사고 배상책임, 전기손해비용, 건물 및 시설 화재 복구비용 지원, 점포휴업일당, 유리손해, 음식물배상책임담보 등을 필요로 할 수 있고 추가가입이 가능하다. 화재보험도 내가 어떤 용도로 목적물을 사용하는지에 따라 선택할 수 있는 담보가 천차만별이니 하나하나 꼼꼼히 확인하고 가입하자.

* 기타 담보

12대 가전수리비용, 강도나 절도로 인한 피해, 가재도구 도난 혹은 파손, 지진침강붕괴 등이 있다.

내 보험의 보장은 제대로 설계되어 있을까

보험명		
월 납입 보험료		
납입 기간		
급부내용		
일반사망	원	원
상해후유장해	원	원
질병후유장해	원	원
암진단비	원	원
유사암소액암진단비	원	원
뇌혈관질환진단비	원	원
심혈관질환진단비	원	원
암수술비	원	원
유사암소액암수술비	원	원
뇌혈관질환수술비	원	원
허혈심장질환수술비	원	원
상해수술비	원	원
질병수술비	원	원
항암방사선약물치료비	원	원
실손의료비	원	원

저축 / 투자 / 은퇴 / 보장

다이렉트 자동차보험을 점검해 보자

보장	나의 보험 1	나의 보험 2
대인배상1		
대인배상2		
대물배상		
자동차상해 또는 자기신체사고		
자기차량손해		
무보험차상해		
긴급출동특약		

자산관리 올인원

: 알면 돈이 되는 저축, 투자, 은퇴, 보장 실전 자산관리의 모든 것

초판 1쇄 발행 2022년 6월 24일
초판 2쇄 발행 2022년 6월 30일

지은이   이혜나, 김재관, 박경현, 박은정, 윤혜림, 천하은
펴낸이   이준경
편집장   이찬희
책임편집   김아영
편집   김한솔
책임디자인   김정현
디자인   정미정
마케팅   이수련
펴낸곳   (주)영진미디어

출판등록   2011년 1월 6일 제406-2011-000003호
주소   경기도 파주시 문발로 242 파주출판도시 (주)영진미디어
전화   031-955-4955
팩스   031-955-4959
홈페이지   www.yjbooks.com
이메일   book@yjmedia.net

ISBN   979-11-91059-29-8 03320
값   18,500원